Open slightly your Heart to me, I will reveal the whole world to you!

将你的心向我敞开一点点，我会将整个世界揭示给你！

卡巴拉巅峰著作《光辉之书》

卡巴拉智慧系列

我们从来没有创造任何新事物，
我们的工作只是点亮隐藏在我们内在的东西。

We create nothing new,
Our work is only to illuminate What is hidden within.

Menachem Mendel of Kotzk

卡巴拉智慧系列

卡巴拉智慧

迈克尔 莱特曼博士

天津社会科学院出版社

Copyrights 2023
Laitman Kabbalah Publishers
www.kabbalah.info
ISBN: 978-1-77228-119-4

关于作者和本书

迈克尔·莱特曼是一位著名的卡巴拉学者，他在位于莫斯科的俄罗斯科学院高级哲学院，获得了哲学和卡巴拉博士学位，而且他还在圣彼得堡大学科学院的生物与控制论系获得了生物控制论硕士学位。

迈克尔·莱特曼博士不仅是一位科学家和研究者，而且他在过去的30年间，一直钻研并传授卡巴拉知识。作为一位卡巴拉学者，他已就卡巴拉这一研究课题出版30余本书籍，撰写的学术文章数不胜数，如今它们已被译成14种语言。

迈克尔·莱特曼是卡巴拉学者的巴鲁克·阿斯拉格（Baruch Shalom HaLevi Ashlag，也被称为Rabash）的徒弟和私人助手，而巴鲁克·阿斯拉格则是伟大的卡巴拉学者耶胡达·阿斯拉格（Yehuda Leib HaLevi Ashlag）的长子及继承人。耶胡达·阿斯拉格由于为著名的《光辉之书》写了一本名为"Sulam"（即阶梯）的注释，而被人尊称为Baal Sulam。在此后的12年间，迈克尔·莱特曼和Rabash一道儿潜心研究卡巴拉，并从他那儿学习到Baal Sulam的教义。

Baal Sulam被认为是《生命之树》作者的神圣的Ari的继承人。耶胡达·阿斯拉格还为我们这一代人走进卡巴拉的科学开辟了道路。多亏他的方法论，我们所有人都可以得益于卡巴拉知识真实的资料、代卡巴拉学者的遗产之中。

迈克尔·莱特曼沿着他的导师的足迹，继续实现他的人生使命：将卡巴拉智慧传播到世界各地。在Rabash于1991年与世长辞之后，迈克尔·莱特曼就组织了一个名叫Bnei Baruch团队。属于这个团队的卡巴拉学生们每天都钻研、传播并实践着Baal Sulam及其儿子Rabash的教义。

经过一段时间的发展，Bnei Baruch成了推动卡巴拉国际运动的中坚力量，它的数千名成员遍布以色列及世界其他许多地方。迈克尔·莱特曼的讲座每天通过卫星、有线电视，以及在卡巴拉电视台在以色列、美国等进行直播，同时它还在www.kab.tv这个网站上进行网络直播。

此外，迈克尔·莱特曼还是阿斯拉格研究院（ARI，即Ashlag Research Institute）的创建人及院长。该院确立的目标就是营造公开的关于卡巴拉与科学的谈论。鉴于迈克尔·莱特曼在教育领域成绩卓著，位于莫斯科的俄罗斯科学院授予他"本体论教授"的头衔。近年来，迈克尔·莱特曼一直在同一些顶尖的科学家们进行合作，共同研究卡巴拉及当代科学。

本中文版汇集了莱特曼博士的两本著作：《卡巴拉启示》（Kabbalah Revealed）和《从混沌到和谐》（From Chaos to Harmony），并将书名定为《卡巴拉智慧》。我们出版此书的目的旨在让国内读者更多地认识自我与精神的力量，在危机与冲突的生活中如何找到真正的自我，过上和谐、平衡的生活。

推荐序

应邀为迈克尔·莱特曼博士的这本卡巴拉经典作序，我深感荣幸。作者不仅是我个人的亲密朋友，而且在我看来，他还是当今健在的一位最重要的卡巴拉学家，两千年来一直秘而不宣的一种智慧的真正代表。既然卡巴拉智慧在其他本质智慧中完全显露，我相信没有人比他更适合对其本质作出解释。

在当今世界，作为一种切实可用的指导方法，卡巴拉的兴起有着独特的意义。它可以帮助我们重新获得我们祖先曾经拥有，却被我们忘却的智慧。

本地的智慧之所以在今天得以显现，正是因为我们习以为常的、非常机械的学派未能提供它所承诺的安乐与支撑。有句中国谚语告诫我们说："不顺时而动，则止步于不前。"这对当今的人类而言，将会成灾：

气候的变化正威胁着将我们这个星球上辽阔的地域变为荒凉之地，那里既不适合人类居住，又无法提供足够的食物。

此外，世界上绝大多数经济体已经不能够自给自足。让人感觉不妙的是这一现象出现的同时伴随着全球粮食储备的减少。全球一半以上的人口淡水供应不足，平均每日超过 6000 名儿童因饮用被污染的水引起腹泻，并在得不到及时救治的情况下死亡。

在世界上很多地方，人们热衷于借助暴力和恐怖活动来解决冲突。这样一来，无论是富裕国家还是贫穷国家的不安全感都在恶化。伊斯兰原教旨主义正在穆斯林世界广为传播，新纳粹分子和其他极端分子的活动正在欧洲滋长，而宗教狂热现象则遍及世界各地。

在这种情形下，作为地球主人的我们面临着棘手的问题。

然而，全球分崩离析的局面并非不可逆转。我们能够扭转局面，而且下面介绍的这个方案也是切实可行的：

正如本书后一部分所讲的那样，我们可以携手并肩，共同追求和平与稳定的目标。商界领袖们能够意识到迅速发生的变化，并借助提供适销对路的商品和服务来应对这一变化。

全球的新闻和娱乐媒体也许能够对这些全新的情景进行探索，这样对自我及对自然的一种新的观念，将会出现在互联网上、电视上、企业和社区的通信网络上。

在文明社会中，另一种人生观和价值观，将为社会和生态持续性的政策提供支持。人们将采取有力措施去保护环境，建立高效的食物和资源分配体系，开发并利用有益于可持续发展的能源、交通及农业技术。

在这种积极的前景下，人们将原计划用于发展军事和防务设施的资金，转用到服务民众的需求上面。有了这些新的发展，国内的、国际的及不同文化之间的不信任、民族和种族间的冲突、压迫、经济不平等、性别歧视等，将让位于相互信任和尊重。世界各地的民众及各种各样的社区都将乐意合作，并建立起富有成效的伙伴关系。

这样一来，人类不会选择在冲突和战争中垮掉，它则会作出告别战乱、突破局限的正确选择。人类不但建立一个自力更生、团结协作的世界，而且收获一个和平、宁静、称心如意、欢乐愉快的未来。

一个宁静祥和的、可持续发展的世界在恭候我们的光临，但令人遗憾的是，我们目前并没有朝着这一方向前进。爱因斯坦告诉我们说："我们正面临的重大问题无法在我们制造它们时所处的同样思维层面加以解决。"可我们依旧固执地这样去做。我们制造出了恐怖主义、贫困、犯罪、环境退化、疾病和其他的"文明社会的痼疾"，如今却试图用同样的手段同它们作斗争。我们尽管在尝试着一些技术上的弥补办法和暂时性的补救措施，却没有下定决心、高瞻远瞩地给这个世界带来持久的、根本性的改观。

全球意识

考虑到当今的全球危机，人类已经开始寻找思维新的途径和模式。这些模式是古老的，但极其相关的本地的智慧。对它们而言，全球意识不再仅仅是补充的概念，而是它们的实质。当我们研究这些模式时，我们认识到新的全球意识实际上是一个年代久远的意识，只不过现在它才被重新发现。

的确，现在正是重新发现全球意识的时刻。我们过去经常认为，典型的、"正常的"人类意识就是我们靠着听觉、视觉、味觉、触觉、嗅觉这五种官能所感知的那种意识。我们将其他的一切事物视为想象。通常的理解使我们止于我们肌肤感觉不到的地方。而其他的一些观点，则被认为是"新时代的"、"神秘的"或"秘传"的观点。诸如"我们是一个统一体，我们每个人都是伟大的整体中的一部分"之类的观念，则被视为文明史上的例外。

然而，如果我们审视一下这些观念的发展史，就将发现事实恰恰相反。过去的300年间，在西方世界演变的还原论、机械论及没有条理的思维并非标准，而是真正的例外。其他文化并不认同该观点。甚至在机械的世界观——作为牛顿自然哲学的一种应用（确切地说，是误用）而传承下来的世界观——出现之前，西方世界并不坚持该观点。

在其他文化中，也在西方世界的现代，主流意识都是一种归属，一种统一。大多数传统文化并不认为人与人之间没有共同的追求，只有碰巧一致的利益。

一切智慧传统的典型起源，就是"全球意识"的概念。"全球意识"这一术语阐释了我们作为人类，作为这个地球上的公民，"共命运、同呼吸"的那种意识。如果我们打算在这个星球上长期生存下去，如果我们打算确保我们的子子孙孙有一个平平安安的、稳定的未来，那么我们就必须培养一种全球意识。

为了阔步前进，我们必须培养一种可让我们组成一个团结的人类家庭、发展一种全球文明的思想方式。然而，这种文明不应该倡导那种大一统文化——即让每一个人都接受同样的观念，让某个人或某个国家将那些观念灌输给其他的人或其他的国家。恰恰相反，这应该是一种多姿多彩的文明，它的各种元素汇聚在一起，去维持并发展整个文明体系，即全球人类的文明。

这种多样性正是和谐的、和平的要素。每一个得以生存的社会都拥有它。唯有西方的社会及西化的社会却将它忘却了。在技术创新与经济进步的过程中，它们将一个完整、同一的体系瓦解得支离破碎。现在正是修复它的时候。

我通过不断阅读莱特曼博士的著作，认识到真正意义上的卡巴拉不但有促进"人类和宇宙是完整的、统一的"这一概念，而且它还提供了切实可行的措施，以便人们在碰到文明的完整性、同一性惨遭破坏时，能够及时进行重建。

我诚挚地推荐广大读者认真地阅读这本书，因为它所讲述的并不仅仅是一种古老智慧的常识，它还为我们提供了一把金钥匙。当我们面临着"要在退化之路和进化之路之间做出抉择"这一前所未有的挑战时，我们就可以借助这把金钥匙，在这种生死攸关的时刻打开人类的幸福之门。要知道，退化之路会导致全球崩溃，而进化之路将把我们带进一个和谐、和平、幸福及持续发展的世界。

——欧文·拉斯罗①

上　篇

卡巴拉启示

KABBALAH REVEALED

第一章

卡巴拉：过去与现在

总体规划

　　卡巴拉并非起源于当今好莱坞风格的噱头，这一点毫无秘密可言。实际上，卡巴拉已有数千年的发展历史。在卡巴拉出现时，人类要远比今天更加贴近自然。那时的人们与自然有种亲密无间的感觉，而且也积极地去培养同自然的密切关系。

　　在那个时候，人们没有多少理由去脱离自然。他们并不像我们今天这样处处以自我为中心，疏远自己所生活的自然环境。其实，当时人类是自然密不可分的一部分，而且主动加强同自然的紧密联系。

　　此外，人类对自然的了解还不足以让自身感到安全；我们反而害怕自然力量——它们作为一种高于我们自身力量的超级力量，迫使我们接近自然。

　　人们之所以亲近自然，一方面是由于惧怕它的强大力量，另一方面则是由于渴望了解他们周围的世界，而且更为重要的是，要确定究竟是什么或谁在支配它。

　　早期的人类无法像今天那样避开自然因素的影响，我们在自己的"人造"世界里可以躲避自然的风雨侵袭，可早期的人类却无法这样去做。而最为重要的是，出于对自然的恐惧及亲近自然的需求，许多人开始探寻并发现自然为他们，碰巧的是，为我们所有的人，所安排的规划。

　　探寻自然的那些先驱们想知道，自然是否确实有了目标，假如是这样，那么人类在这个总体规划中的角色可能是什么呢？那些掌握了最高层次的知识，即深入了解到自然的总体规划的人们，就是我们熟知的"卡巴拉学家"。

　　有一个人从那些先驱中脱颖而出，他就是亚伯拉罕。当他发现了自然描绘的总体规划时，不仅对它进行了深入研究，而且第一次将它传授给别人。他认识到人类战胜恐惧、摆脱悲惨境况的唯一方法，就是全面了解自然为人类所准备的规划。而一旦亚伯拉罕意识到这一点，他便不遗余力地去教育渴望学习的人们。出于这种原因，亚伯拉罕作为第一位卡巴拉老师整个朝代的卡巴拉学家，而他手下最优秀的学生则成为下一代教授卡巴拉的老师，负责将从亚伯拉罕那儿所学到的知识，传授给下一代的学生。

卡巴拉学家将总体规划的设计者称为"创造者",将规划本身称为"创造的念头"。也就是说,当卡巴拉学家谈论自然或自然规律时,他们是在谈论创造者,这一点相当重要。反之亦然,当卡巴拉学家谈论创造者时,他们也是在谈论自然或自然规律。这些术语是同义的。

卡巴拉学家(Mekubal)一词来源于希伯来单词 Kabala(接受)。卡巴拉的原始语言是希伯来语,一门主要由卡巴拉学家发展并供自己使用的语言。这种语言帮助他们就精神世界的事情相互沟通。后来出版的许多卡巴拉书籍,虽然用的是其他语言,但书中的基本术语一直沿用希伯来语。

对于卡巴拉学家来说,"创造者"这个词并不是指一种超自然的、与人类迥然不同的实体,而是指人类在追求更高层次的知识时应该要达到的下一阶段。在希伯来语中,"创造者"的对应词语是 Bore,它包含两个单词:Bo(来)和 Re(看)。由此可见,"创造者"一词表示了"体验精神世界的私人邀请"的一种意思。

科学的摇篮

第一代卡巴拉学家获得的知识,远不止帮助他们认识到所有事物背后的规律。借助这些知识,他们能够解释我们碰到的自然现象。因此,他们自然而然地就成了老师,而且他们传授给我们的知识成了古代与现代科学的基石。

或许在我们眼中,卡巴拉学家就是些躲在闪着昏暗烛光的密室中书写神秘经文的隐士。实际上,在 20 世纪末期之前,卡巴拉一直蒙着一层神秘的面纱。接触卡巴拉的神秘途径,引发了围绕其本质的无数奇谈和传说。尽管大部分传说是错误的,但它们仍然能令甚至最缜密的思想家感到困惑。

戈特弗雷德·莱布尼茨(Gotfried Leibnitz,德国自然科学家、哲学家、微积分和数理逻辑的先驱,主要著作有《神正论》、《单子论》等),在谈及神秘现象如何影响卡巴拉时,就直言不讳地说道:"正是由于人们缺乏一把打开卡巴拉的神秘大门的钥匙,他们对卡巴拉知识的渴求,最终沦落为五花八门的流言飞语和迷信,进而产生了一种与真正的卡巴拉风马牛不相及的庸俗的卡巴拉,以及假借魔术的名义杜撰的各种各样的幻想,而且当时许多书籍中讲述的就是这些内容。"

然而,卡巴拉并非总是神秘的。其实,第一代卡巴拉学家从不将自己学到的知识据为己有,他们从不深居简出,故步自封,而是积极投身社会,传播知识。很多时候,卡巴拉学家都在各自的国家担任着重要的领导职位。在所有这些领导者中,大卫王或许就是最好的例证,他既是伟大的卡巴拉学家,又是伟大的领导者。

卡巴拉学家积极参与社会,这极大地帮助了当代学者奠定我们如今了解到的"西方哲学"的基石——后来演变为现代科学的基石。在这方面,约翰尼斯·罗伊希林(Johannes Reuchlin,德国人文主义者、古典学者、古代语言及传统的专家)在其著作《卡巴拉的艺术》中写到:"我的老师,哲学之父毕达哥拉斯,从卡巴拉学家那儿结出了他的教义……在毕达哥拉斯那个时代,人们尚不知道"卡巴拉"这个词语,他是第一位将该词翻译为希腊语"哲学"的人……卡巴拉没有让我们生活在俗世之中,而是将我们的思维提升到知识的高度。"

其他路径

然而，我们不能将哲学家与卡巴拉学家混为一谈。这是因为许多哲学家并没有研究过卡巴拉，所以无法透彻掌握卡巴拉科学的深层知识。这样一来，本该以一种非常具体的方式去发展和对待的知识，则被错误地发展和对待了。倘若卡巴拉知识传播到这个世界的其他地方，而当地当时碰巧没有卡巴拉学家，那么它便会走上一条不同的路线。

在这种情况下，人类便绕道而行。尽管西方哲学包括了卡巴拉知识的部分内容，但它最终却选择了一条迥然不同的道路。西方哲学衍生了研究我们物质世界——我们靠自己的五种官能感知的世界的科学。但卡巴拉却是一门研究我们感官感知范围之外所发生的事情的科学。这个侧重点的改变，使得人类与卡巴拉学家们获得的原始知识背道而驰。这种前进方向的变化，令人类绕路，而由此引发的后果我们将在随后的章节探讨。

重大问题

大约2000年前，卡巴拉变成了秘而不宣的科学。原因非常简单：当时它没有社会需求。从那时起，人类忙于发展一神论宗教，稍后又将发展重点转移到科学上。宗教与科学之所以被创立，是因为人类需要用它来回答自身碰到的最根本的问题："我们在这个世界上，在这个宇宙中扮演着什么样的角色？我们存在的目的是什么？"换句话说，"我们为何来到世间？"

时至今日，许多人空前感到2000年来一直在起作用的东西已经无法满足他们的需求了。宗教与科学提供的答案已不再令他们感到满意。针对有关人生目标的最根本的问题，这些人开始向别处寻求答案。他们转向了东方教义、占卜、巫术和神秘主义，而有些人则转向卡巴拉。

由于卡巴拉正是为回答这些基本问题而创立的，因此它提供的答案与其息息相关。借助重新发展有关人生意义的古老答案，我们实际上在修补当初由于疏远卡巴拉、亲近哲学所造成的人与自然之间的裂痕。

卡巴拉的诞生

大约5000年前，卡巴拉在位于今天伊拉克的一个古老的国度美索不达米亚"初登舞台"。美索不达米亚不仅是卡巴拉的诞生地，还是所有古老教义和神秘主义的诞生地。在那里，人们信奉多种不同的教义，而且经常同时遵循了好几种教义。占星术（以观察天象来预卜人间事物的一种方术）、算命、数字命理学（根据出生日期等数字来解释人的性格或占卜祸福的）、魔法、巫术、符咒、恶毒眼光（一种迷信说法，此种眼光可使人倒霉或遭受伤害）——所有这些都在素有古代文化中心之称的美索不达米亚得以发展、兴盛。

只要人们对自己的信仰感到满意，就不会有改变信仰的需求。人们想知道什么会让他们的生活平平安安，自己需要做些什么方可过得舒适惬意。他们大都不会去询问人生的起源，也不会去探求更为重要的问题：是谁或是什么创立了生活的法则。

粗略一看，这二者之间似乎只有很微小的差异。实际上，询问有关人生的问题，同探求塑造人生的法则之间的差异，就像学会驾驶一辆汽车与学会制造一辆小车之间的差异。它完全是不同层次的知识。

变化的动力

愿望不会从天而降。它们在不知不觉间形成于我们内心，而且只有当它们变为某些可以阐述的东西，比如"我想吃一张比萨饼"……的时候，它们才浮出来。在此之前，我们要么感觉不到愿望，要么至多感到通常的那种不安。我们都体验过那种渴望某件东西的感觉，但却并不十分清楚它是什么。好了，它就是一种尚未成熟的愿望。

古希腊哲学家柏拉图曾经说过："需要是发明之母。"他这句话很正确。同样，卡巴拉也教我们认识到，我们能够学会任何技能的唯一途径，就是首先要想去学习它。这是个很简单的公式：当我们想要某件东西时，我们需要去做一些得到它所需要做的事情。我们挤出时间，积聚能量，培养必要的技能。事实证明变化的动力就是愿望。

我们内心愿望的演变方式，既阐释又设计着整个人类历史。随着人类愿望的发展，它们促使人们研究其所处的环境，以便能实现自己的愿望。与矿物、植物和动物不同的是，人类在一刻不停地进化着。每一代、每一个人的愿望都在变得愈加强烈。

坐上驾驶位

变化的动机——愿望——可以被分为从 0~4 共五个层次。卡巴拉将这种动机称为"一种接受满足的意愿"，或者简单称其为"接受的意愿"。当卡巴拉在 5000 年前第一次出现时，"接受的意愿"处于 0 的层次。时至今日，你可能已经猜到，我们的"接受的意愿"处于 4 的层次——最强烈的愿望层次。

然而，在早些时候，当"接受的意愿"处于 0 的层次时，愿望由于不够强烈，因此无法将我们同自然分离，将我们彼此分离。在那个时候，这种与自然融为一体——今天我们许多人花大把大把的钱在冥想课堂上重新学习它（让我们敢于面对它，尽管结局并不总是成功的）——则是生活的自然方式。人们并不知道任何其他方式。他们甚至不知道他们能脱离自然，更不用说他们内心产生那样的愿望了。

实际上，在那些日子里，人类与自然的沟通及人们彼此之间的沟通是那样的通畅，以至于语言不再成为必需；相反，人们靠思想沟通，非常类似心灵感应。那是一个团结的时代，整个人类就像一个民族。

然而，仍是在我们前面提到的文明的发源地、位于两河流域的美索不达米亚，情况也发生了变化：人们的愿望日渐强烈，他们越来越以自我为中心。人们开始想改变自然并为己所用。他们不再想让自己适应自然，而是开始想要改变自然，让其来满足他们的需求。他们与自然相分离，愈加疏远自然，疏远自己的同胞。今天，时间已经过了许多个世纪，我们却再次发现这不是一个好主意，这是行不通的。

当然，当人们开始将他们自己置于环境和社会的对立面时，他们不再将他人看成亲人，也不再将自然当作家园。仇恨取代了关爱，人们彼此间愈加疏远。

这样一来，古时的同一个民族被分裂了。它首先分裂为两大集团，一个向西发展，一个向东扩张。这两大集团继续分裂，最终形成我们今天的众多国家。

这种分裂的最明显的症状——被《圣经》描述为"巴别塔的倒塌"——就是不同语言的产生。这些不同的语言将人们彼此分离，并制造出困惑和障碍，引起了混淆、杂乱的状态。困惑的希伯来文为 Bilbul，为了表明人们内心的困惑，美索不达米亚的首都取名为 Babel（巴比伦）。

自从产生了分离——当我们的愿望从 0 层次提升到 1 层次时——我们与自然之间出现了对抗。然而，我们并没有去改正日渐滋长的自我主义，从而让自己与自然融合，也就是说，让自己与创造者融合；我们反倒去制造一道机械的、技术的屏障，将我们与自然隔离开来。我们发展科学技术的初衷，就是要让我们的生存脱离自然因素的影响。可结果表明，我们实际上（无论是否意识到）是在企图控制创造者并坐上驾驶位置上。

当这种困惑产生的时候，亚伯拉罕还生活在巴比伦，帮助父亲制作一些小偶像，并在自家的商店里出售。由此不难看出，在素有古代纽约之称的巴比伦，各种思想鱼目混杂，生活在那儿的亚伯拉罕对此有切身的体验。这种困惑也解释了亚伯拉罕为何要执著地求索，并在后来发现了自然规律："谁是在控制着这一切？"当他认识到这种困惑与分离是有其目标的，他很快将自己的心得传授给愿意倾听的人们。

隐匿、寻找却毫无发现

人类自私自利的水平一直在不断地提升，可每提升一个层次，我们就离自然（创造者）越远。在卡巴拉中，距离不是用公里或米来测算的；它是用品质来测算的，创造者的品质是完美的、团结的和给予的品质，只有当我们具备了它的品质，我们才能够感觉到它。如果你是一个以自我为中心的人，那么你根本无法与利他的和完整的创造者连接。这就像我们试图看清与自己背靠背站着的另外一个人一样。

正是由于我们与创造者背靠背站立，而且由于我们仍想控制它，所以我们越是极力那样做，越会有种受挫感。当然，我们无法控制某些我们看不到的甚至感觉不到的事物。这种愿望永远不可能实现，除非我们来一个180度大转弯，从相反的方向去察看，才能够发现创造者。

许多人已经厌烦那些技术未兑现的要给我们带来财富、健康和未来安全的承诺。今天，能获得所有这一切的人寥寥无几，而且甚至连他们也无法肯定到了明天自己依然还能不能拥有这一切。但这样一种状态的好处，就是迫使我们去重新检查我们的前进方向，并扪心自问："我们是否一直走在一条错误的道路上呢？"

尤其是在今天，当我们认识到自己正面临着危机和困境的时候，我们可以坦率地承认我们所选择的道路是一条死胡同。我们不应该再通过选择技术来让自己脱离自然，从而实现利己主义；而应该将我们的利己主义转变为利他主义，从而与自然合一。

在卡巴拉中，用来表述这种转变的术语为Tikun (改正)。要想认识到我们与创造者相互对立，就意味着我们必须承认5000年前发生在我们（人类）之间的分裂。这种过程被称为"感知到邪恶"。要做到这一点并不容易，但它是迈向真正健康和幸福的第一步。

全球危机有一个快乐的结局

从美索不达米亚分裂出来的两大集团在过去的5000年里，分别演变成了由很多不同的民族构成的文明。在这两个原始的集团中，一个变成我们所称的"西方文明"，而另一个则成了所谓的"东方文明"。

这两大文明之间的矛盾在第一次分裂时就开始出现，而如今日益恶化的冲突则反映出这种矛盾已经发展到了极致。5000年前，一个单一的民族因为利己主义的滋长而分裂，这个国家的民众之间也出现了裂痕。现在到了这个"民族"……人类——重新统一，再次成为一个单一的民族的时候了。我们仍然处于那些年前所出现的断裂点上，只是如今我们更多地意识到了这一点。

依照卡巴拉智慧，这种文化冲突及在古代美索不达米亚就盛极一时的神秘信仰重新抬头，标志着人类要重新团结为一种新文明。今天，我们开始认识到我们所有人都是相互关联的，我们必须找回分裂之前所处的那种状态。借助重建一个团结的人类社会，我们还将重新确立与自然的联系，与创造者的联系。

利己主义是一种僵局

在神秘主义流行期间，卡巴拉的智慧被开发出来，它让人们了解到有关利己主义逐步滋长的知识及造成这种状况的原因。卡巴拉学家教育我们，宇宙间存在的万事万物都由渴求满足自己的愿望所造就。

然而，如果愿望是自私的，那么就无法以其自然形式被实现。这是因为当我们满足一种愿望时，我们就消除了它；而如果我们消除了对某件事物的愿望，那么我们也不可能再从这件事物中得到乐趣。

比如，你不妨考虑一下自己最喜爱的食物。现在想象着你自己来到一个美妙的餐厅，舒适地坐在餐桌前，这时一位满脸笑容的服务员给你端来一盘盖着盖子的佳肴，并将它放在你的面前，随后将盘上的盖子拿掉。啊！那么熟悉的美味！你自己还没有享受吧？可你的身体已经开始享用它了！你在头脑中想象着美味佳肴时，你的体内就开始分泌胃液了。

然而，就在你开始吃的那一刻，这种快乐就减弱了。你吃得越饱，你从吃中得到的快乐就越少。最终，当你酒足饭饱时，你就无法再享用食物了，于是你停止进餐。你之所以不再吃了，不是因为你一点也吃不下去了，而是因为你吃饱之后，吃对你而言已经没有任何乐趣可言。你这就是陷入了利己主义的僵局——如果你拥有了自己所渴望的东西，那么你就不再想要它了。

由此可见，由于我们没有了快乐就无法生活，因而我们必须去继续寻求新、更大的快乐。我们靠培养新的愿望来做到这一点，而这些新的愿望同样也不会得到完全满足。这就形成了一个恶性循环。很明显，我们想要得到越多，我们就感到越空虚。我们越感到空虚，就越感到迷惑不解。

而且由于我们的愿望目前正处在有史以来最强烈的层次上，我们便无法回避这样一个结论：我们今天比以往任何时候都更缺乏满足感，即使我们明显比我们的祖祖辈辈拥有的物质财富更多。一方面，我们拥有很多；另一方面，我们日益不满。这两者间的对比，正是我们如今所经历的危机的实质所在。我们变得越自私自利，我们就越感到空虚，而它引发的危机则会越发严重。

利他主义的必要性

最初，所有的人都是相互连接的。我们感觉到并认为自己是具有同一性的人类，而自然也正是这样对待我们的。这种"集体的"人类，被称为"亚当(Adam)"，源于希伯来文的Dome(相似的)，意味着与创造者相似，创造者也是统一的、完整的。然而，尽管人类当初是同一的，但随着我们利己主义的滋生，我们渐渐丧失了团结感，人与人之间的距离拉得越来越大了。

卡巴拉著作中写道，自然的计划就是要让我们的利己主义不断滋长，直到有一天我们意识到我们彼此之间已经疏远，甚至互相憎恨。这个计划背后的逻辑就是我们必须首先感觉到人类就是一个统一的整体，随后受自私自利的影响而分裂为一个个相互疏远的人们。只有到了那里，我们方才意识到我们与创造者背道而驰，我们成了十足的自私之人。

此外，这是我们意识到利己主义是消极、无法满足、毫无希望之物的唯一途径。正如我们前面所讲，我们的利己心将我们彼此分离，将我们与自然分离。而为了改变这一点，我们必须首先认识到这就是摆在我们面前的事实。这样做能够促使我们渴望变革，靠着自身的努力去寻求一条将自己转变为利他主义者的道路，重新建立与全人类的联系，与自然——创造者——的联系。我们毕竟已经说过愿望是变化的动机。

卡巴拉学家耶胡达·阿斯拉格写道，最高之光进入和离开愿望的过程，让容器（愿望）变得适合完成其使命——利他的生命。换句话说，如果我们想感到与创造者的团结，那么我们必须首先与其连接，随后去体验这种连接的丧失。在体验过这两种状态之后，我们将能做出有意识的抉择，而这种意识是真正团结的必需。

我们可以将这个过程比作一个孩子在成长过程中的真实体验：当他还是一个婴儿时，他感到与自己的父母密不可分；当他成长为一个十几岁的孩子时，具有一种反叛精神；而最终当这个孩子长大成人时，便懂得并辩解自己的父母。

实际上，利他主义并不是一种选择。表面看来，好像我们能够在"是做一个自私自利之人，还是做一个利他之人"之间进行选择。然而，如果我们检验一下自然，就会发现利他主义是最根本的自然规律。例如，身体中的每个细胞固有是自私的。但为了生存，它必须为整个身体的健康着想，从而别无选择地摒弃它的自私倾向。这个细胞为此得到的回报，就是它不仅体验到它自身的存在，而且体验到整个身体的勃勃生机。

我们相互之间也必须培养一种相似的关系。随后，我们彼此结合得越成功，我们就越能够感到亚当的永恒存在，而不是感觉到我们并不长久的物质存在。

尤其在今天，利他主义已经成为我们生存的根本。我们大家都密切相连，相互依靠，这一点不言而喻。这种依靠对利他主义作出了一种全新的非常准确的定义：任何一种行为或意图，只要源于将人类融入一个同一体的需求，都可被视为利他。反之，任何一种行为或意图，只要它不关注人类的团结，就是利己。

我们在这个世界上看到的一切痛苦悲伤的根源，都在于我们背离自然。自然界的其他一切——矿物、植物及动物——都本能地遵循着自然的利他法则，只有人类的行为与自然界的矿物、植物及动物的行为相反，与创造者的行为相反。

此外，我们看到自己周围的那些悲伤与痛苦，并不只是我们人类自己的。自然界的所有其他部分也都会因为我们的错误行为而遭殃。如果自然界的每个部分都本能地遵从自然法则，而且如果只有人类不去遵守自然法则，那么人类就成了大自然中唯一的破坏因素。倘若我们能够改正自己，即从利己主义转变到利他主义，那么其他一切自然部分也会得到改正，这个世界的生态恶化、饥荒、战争和其他社会问题也会得以解决。

增强的感知

利他主义能给我们带来特别的回报，我们从利己转变为利他，似乎只是做出了将别人的利益放在我们自己前边这样一个改变，可它实际上却能让我们受益。当我们开始考虑别人时，我们便整合于他们，而他们也整合于我们。

以这样的方式来看待它：今天全世界生活着大约70亿人。假如你不是靠着自己的两只手、两条腿和一个大脑去统治全人类，而是让140亿只手、140亿条腿和70亿个大脑去统治全人类，情况又该如何呢？这话听起来让人有点困惑吗？实际上不会的。这是因为所有那些头脑都会像一个单一的头脑一样操作，那么多只手也都会像一双手一样工作。全人类就像一个躯体那样发挥作用，这具躯体的能力将被提升70亿倍。

且慢，我们得到的回报还不止这些，任何一个坚持利他主义的人除了成为超人之外，还会收到所有人最梦寐以求的礼物：全知，或者完全记起与完全了解。由于利他是创造者的本质，因此获得了它就意味着我们也具备了创造者的本质，我们开始像它那样去思想。我们开始知道一切事情为何会发生，应该何时发生，而且如果我们想让它产生不同的结果的话，应该做些什么。在卡巴拉中，这种状态被称为"形式同等"，而且这正是创造的目标。

这种提升了的感知状态，这种形式同等的状态，解释了当初我们为何要被创造的。这就是为什么最初我们以统一体被创造的，而随后经过破碎——以便我们能够重新团结。在这种团结的过程中，我们将懂得自然为何以它那种方式行事，而且会变得像创造自然的思想那样明智。

当我们与自然结合时，我们就会感到像自然那样永恒和完美。在那样的一种状态中，即便我们的肉体死亡了，我们仍将感觉到自己继续存在于永恒的自然中，物质层次上的生与死不再对我们有任何影响，因为我们以前那种以自我为中心的感知将被一种全面的利他的感知所取代，我们自己的生命将变为整个自然的生命。

时机就在现在

素有卡巴拉的《圣经》之称的《光辉之书》，是在大约2000年之前撰写的。它声称到20世纪末期，人类的自私自利将达到前所未有的严重程度。

正如我们前面所看到的那样，我们想得到的越多，我们就越感到空虚。鉴于此，自20世纪末期以来，人类一直在经历着最为严重的空虚。《光辉之书》还写到，当感到这种空虚时，人类将需要一种治愈它的手段，借助这种手段让自己获得满足感，随后《光辉之书》告诉我们，将卡巴拉作为一种通过与自然通话来获得满足的手段，介绍给全人类的时机终将到来。

获得满足的过程，也就是希伯来语中所说的 Tikun（改正），不会立即完结，而且每个人也不可能不同步完成这一过程。如果它要发生的话，那么人们就必须首先想让它发生。它是一个从人们自己的意志中演变出来的过程。

当人们感知到他或她的自私的本质是一切邪恶的根源的时候，改正过程就开始了。这是一种非常个人化的、强烈的体验，而它总是让人想去变革，想从利己转变为利他。

正如我们前面所言，创造者把我们作为一个单一的团结的创造物来对待。我们曾自私地企图实现我们的目标，可如今我们发现我们的问题只有靠集体的努力和利他主义才能得以解决。我们越多地意识到我们的自私自利，我们就越渴望利用卡巴拉的方法来将我们的本质转变为利他。当卡巴拉刚刚出现时，我们并没有这么做，但现在我们能这么做了，因为现在我们认识到自己需要它！

过去 5000 年的人类进化就是尝试一种方法的过程，在其中我们检验这种方法所带来的快乐，对其感到失望，摒弃并去寻求另外一种方法。我们采用了许多不同的方法，却并没有一个能让我们感到更加幸福。

既然卡巴拉手段（其目标是最高层次的利己主义的改正）已经出现了，我们就不必再踏上幻灭的道路。我们只借助卡巴拉改正我们最严重的利己主义，其他问题也便迎刃而解，于是在这个改正的过程中我们能够感受到满足、灵感与欢乐。

?其　　?其　　?其　　?其　　?其

卡巴拉的智慧（接受的智慧）最早出现在大约 5000 年前，当时人类开始探讨他们存在的目的。那些了解了它的人们被称为"卡巴拉学家"，他们知道人生的目标是什么，知道人类在宇宙间扮演着什么样的角色。

但在那些日子里，大多数人的愿望太小，以至于未能努力寻求卡巴拉知识。因此，当卡巴拉学家看到人们并不需要这个智慧，他们便将它隐藏起来，并在暗中等待着大家都乐意接受它的那个时刻的到来。与此同时，人类开辟了诸如宗教与科学的渠道。

时至今日，当越来越多的人深信宗教与科学并不能解答人生最深层次的问题，他们便开始从别处寻求答案，这就到了卡巴拉一直在等待的那个时刻，这就是为何卡巴拉会重新兴起——为了解答人类存在的目的。

卡巴拉告诉我们，自然——创造者的同义词——是完整的、利他的、团结的。它还告诉我们，不要只懂得自然，我们还必须有一个亲自实践某种存在方式的愿望。

卡巴拉还对我们说，这样做我们不仅能与自然同化，而且还会懂得自然思想背后的总体规划。卡巴拉最后声称，靠着了解总体规划，我们将等同于总体规划的描绘者，而这就是创造的目标——人类变得与创造者相同。

第二章

最伟大的愿望

既然前面一章已经给我们介绍了卡巴拉的起源，那么现在该看一看卡巴拉如何涉及我们的时间了。

你们中的许多人可能已经知道，学习卡巴拉时会遇到大量的外来术语，它们大部分来自阿拉米语，有一些来自阿拉伯语，还有一些来自其他语言，如希腊语。然而，这儿却有一个好消息要告诉大家：卡巴拉的初学者，甚至学到中级的学生们，掌握少量的这类术语已经满足。尽管它们指的是精神状态，但如果你在内心体验过那些精神状态，你还能够发现它们的正确名称。

卡巴拉讲述愿望及如何去满足它们。卡巴拉还研究人的灵魂及其发展：从其作为精神性的种子的谦卑的开始直到其作为生命之树的顶点。一旦你掌握了这一点精髓，你就可以依赖自己的内心去了解其他一切。

成长的跳板

让我们紧接着上一章的结束部分继续讨论。我们曾说过，假如我们懂得以截然不同的方式去利用我们的自我主义——也就是说，与其他人团结起来以形成一个精神的统一体，那么事情会变得非常美妙。我们甚至认识到了有一个达到这一目的的手段：卡巴拉手段，它正是为此而设计的。

然而，如果我们环顾四周，便会清楚地看到我们并没有朝着一个积极的未来迈进。我们处在一场危机——一场巨大的危机之中。即使我们目前尚未遭受这场危机的伤害，我们也无法确保自己将来不会遭受它的伤害。很显然，这场危机在每一个角落都留下了它的印记；无论是我们的个人生活，我们所生活的这个社会，还是整个自然界，无不受其影响。

危机自身并不一定是消极的，它们只是表明事物目前已经处于消耗殆尽的状况，而且到了该发展到下一个阶段的时候了。民主、工业革命、妇女解放、量子物理，所有这些都是各自领域发生危机后人们找到的新的突破。实际上，今天存在的一切事物，都是昔日的危机所催生的。

今天的危机与以前的危机并没有本质上的差异，尽管今天的危机更为严重，影响到了全世界，但它仍像任何一次危机那样，是寻求变革的良机，是成长的跳板。如果我们作出了正确的抉择，那么所有的艰难困苦都将烟消云散。我们能够很容易地为全世界的人们提供食物、水和庇护所。我们能够迎来世界和平，让这个世界成为一个繁荣昌盛、生机勃勃的星球。然而，要出现这种情形，我们必须首先想让它出现，并且选择自然想让我们选择的——团结，而非我们目前所选择的分裂。

那么，为何我们不想去相互连接呢？为何我们在相互疏远呢？我们的科技越进步，我们获得的知识越多，我们就变得越不满足。我们学会了如何建造宇宙飞船，如何制造分子大小的机器人；我们已经破译了人类的基因组。可即便如此，我们为何未能学会如何获得幸福呢？

我们越深入地学习卡巴拉，越能发现它总是引导我们看清事物的根源。卡巴拉在给出你任何答案之前，都会告诉你为何你处在现在的境况之中。而一旦你清到底是什么致使你身处这种境况中，你便很少需要进一步的指导。这样一来，让我们看看，到今天为止，我们都学了些什么，或许我们会发现为何我们仍未找到打开幸福之门的钥匙。

幕后秘闻

人呢！如果他没有接受足够的教育或者受到了不正确的教育，他就是世间生灵中最野蛮的生物。

——柏拉图

知识常常被看做是一种资产。窃取知识、信息的间谍行为，并不是现代的发明。从人类历史刚刚开始时起，它就出现了。它之所以存在，是因为知识、信息总是传播给需要知道的人，而唯一的争议就在于谁需要知道。

在过去，知识渊博的人被称为"圣贤"，他们所拥有的知识就是自然的秘密。"圣贤"由于担心他们的知识可能会泄露给他们认为的那些不配拥有这些知识的人，于是便将自己的知识秘藏起来。

然而，我们如何确定谁有权知道它呢？假如我掌握了某种特别的信息，是否就有权去隐藏它呢？当然了，没有哪个人会认为自己不该去了解它。因此，我们便想方设法"窃取"我们想得到的任何在公开渠道无法得到的信息。

但情况并非总是如此。许多年前，在利己主义还没有发展到极端的地步时，人们总是把公共利益放在自身利益之前，他们觉得自己与整个自然、与全人类相互连接。对他们而言，这种状态是自然的。

然而到了今天，我们的思想发生了戏剧性的变化，我们认为我们有权知道一切事情，有权去做所有事情。这就是我们在自我主义的驱使下会无意识地这么去做。

实际上，甚至在人类的愿望达到第四阶段之前，学者们已经开始为了追逐诸如金钱、名誉、权力之类的物质利益而出卖他们的智慧。随着物质诱惑的增长，人们已不再信守他们简朴的生活方式，也不再全力以赴地去研究自然。这些明智的人开始用他们的知识来换取物质享乐。

时至今日，随着技术的进步和利己动力的增强，滥用知识已成了司空见惯的现象，可技术越进步，无论对我们自身还是我们的生存环境而言，我们都变得越危险。当我们的势力越强大时，我们会受到更多的诱惑，会去利用我们的势力去得到自己想得到的一切。

正如我们前面讲过的那样，接受的愿望可以划分为四个强度层次。它变得越强烈，我们的社会与道德沦丧得就越厉害，因此，说我们正处在一场危机之中不足为怪。它也非常清楚地向我们解释了为何圣贤之人会隐藏他们的知识，而且为何他们自己日渐增强的利己主义现在迫使着他们去出卖知识。

如果我们不改变自己，知识和进步将不会对我们有任何帮助。它们只会给我们造成比现在还大的危害。由此可见，期望科学进步能履行给我们带来幸福生活的承诺，是完全幼稚的想法。如果我们渴望更加光明的未来，我们只不过需要改变我们自身。

愿望的演变

"人的本性是自私的"并不是耸人听闻的信息。然而，由于我们天性自私，因此我们都毫无例外地倾向于滥用我们所掌握的知识。这不一定意味着我们会用这些知识去犯罪。我们可能把知识滥用在一些看似微小的事情上，比如在自己不值当的时候，追求得到提拔；或者从最好的朋友那儿横刀夺爱。

关于利己主义的真正新闻并不是"人的本性是自私的"，真正的新闻是"我是一个自我主义者"。我们初次碰到自己的利己心，是一次使人清醒的经历，就像所有让我们冷静的事情一样，它是一个令人头疼的问题。

我们接受的愿望有充分的理由不断地演变着，这一点我们稍后再作深入探讨。让我们先集中探讨进化在我们获取知识的过程中所扮演的角色。

当一种新的愿望产生时，它产生了新的需求；而当我们寻求满足这些需求的途径时，我们就开发和改善了自己的思维，也就是说，正是享乐的愿望的演变才促成了人类的进化。

愿望的第一阶段是"生理的"欲望，诸如对食欲、性欲、家庭和家园的要求。这些都是最基本的所有的生物都具有的欲望。

不同于第一阶段的愿望，其他阶段是"人类的"愿望，并且是由于生活在人类社会而浮现的。第二阶段的愿望是对财富的渴求；第三阶段的愿望是对名誉和权势的渴求；第四阶段的愿望是对知识的渴求。

倘若我们从愿望的演变这一角度去纵览人类历史，就会发现这些不断增强的愿望如何产生着每一种概念、发现及发明。其实，每次革新都是一种工具，可用来帮助我们满足我们的愿望制造出来的大量的需求。

幸福或不幸，快乐或痛苦，都取决于我们在多大程度上满足了自己的需求。而为了感到满足需要的是努力。实际上，我们人类是在被追求快乐的动力所驱使，正如卡巴拉学家耶胡达·阿斯拉格所言："一个人如果缺乏动机，如果不涉及自身利益，恐怕连微不足道的事情都懒得去做。"此外，他还补充说："比如，倘若一个人将本来放在椅子上的手放在了桌子上，那是因为他认为将自己的手放在桌子上，他会更舒服。如果他不这么想的话，他就会在自己的后半生中都将手一直放在椅子上。"

在前面的一章里，我们说利己主义是一个没有真正选择的僵局。换句话说，快乐的程度取决于愿望的强度。当人们吃得越来越饱时，他们的食欲也便相应减弱。由此可见，当愿望消失之后，快乐也随之消失。看样子，为了享用某件东西，我们不但必须去想它，而且还得一直都想着它，否则快乐就将消退。

此外，快乐并不存在于所渴望的对象之中，它存在于想得到快乐的那个人的内心之中。例如，如果我非常想吃一条金枪鱼，那么这并不意味着金枪鱼自身内有什么快乐，而意味着一种体现在金枪鱼的"形式"中的快乐存在于我的内心。

倘若你去询问任何一条金枪鱼是否喜爱自己鲜美的鱼肉，我对它会做出肯定的回答表示怀疑。我可能会不太明智地询问金枪鱼："你为什么不享受自己鲜美的肉呢？每当我咬下你一口肉，就感觉到它的味道是多么的好。而你竟然拥有数吨的鱼肉！如果我是你的话，我会感觉自己就像生活在天堂里！"

当然，我们都知道这并不是一段现实生活中的对话，而且并不只是因为金枪鱼不会说汉语，无法与我们进行对话。我们凭本能就能感到金枪鱼不可能喜爱自己的肉，而人类则能享用味道鲜美的金枪鱼。

为什么人类能享用味道鲜美的金枪鱼呢？是因为我们有一种对它的欲望。金枪鱼之所以无法享用它自己鲜美的鱼肉，原因在于金枪鱼对它没有欲望。从一个具体的对象那儿获得乐趣的一种具体愿望，被称为一个 Kli（容器、工具），而在 Kli 之中感受到的快乐被称为 Or（光）。Kli 及 Or 的概念，毫无疑问是卡巴拉智慧中的最重要的概念。当你可以建立一个 Kli——接受创造者的容器的时候，你就将得到创造者的光。

应对愿望

既然我们知道愿望产生进步，那么就让我们看一看我们在历史上是如何应对它们的。大致来讲，我们有两种操控愿望的方法：

1. 将一切转化为习惯，"驯服"愿望，或者例行性地利用它们；
2. 减弱并抑制它们。

大多数宗教都采取第一种方法，给每一种行为"贴上了"回报的标签。为了激励我们去做所认定的善事，我们的导师及我们周围的那些人每次看到我们做"正确的"事情，就用积极的反馈来回报我们。当我们的年龄日渐增长时，这种回报也慢慢停了下来，但在我们的头脑里我们的行为已被贴上奖励的"标签"。

一旦我们对某事习以为常，它就变成了我们的第二本性。而当我们依自己的本性行事时，我们总是自我感觉良好。

应对愿望的第二种方法——减弱它们。最初被东方教义所采用。这种方法依从一条简单的规则：求而不得，不如不求。或者正如老子所说：「清静、简朴、无私、无欲」。

很多年来，我们似乎在应对愿望时只采用这两种方法。尽管我们并没有得到我们所想要的—这是因为有这样一条不成文的规律：当你拥有了你之所想时，你便不再想它了——追求本身带来了满足。每逢一个新的愿望出现，我们便相信它肯定会令我们心满意足。只要我们一直拥有梦想，我们就一直心怀希望；而哪儿有了希望，哪儿就有了生机，即使那些梦想实际上未能实现。

然而，我们的愿望却在不断地增强。未实现的梦想，即空虚的、缺乏被盼望的满足的Kli，带来了越来越少的满足。这样一来，我们前面提到的两种方法：驯服愿望或减弱愿望都面临着一个巨大挑战。当我们无法减弱自己的愿望时，我们除了寻求一种满足它们的途径之外别无选择。在这种状况下，我们要么摈弃老一套的做法，要么寻求一种新的途径，将二者有机地结合起来。

一种新愿望不邀而至

我们前面已经讲过，接受的愿望可以划分为四个阶段：第一阶段的愿望是生理的需求：食物、性、家庭之类的物质欲望；第二阶段的愿望是对财富的渴求；第三阶段的愿望是对名誉、权势和尊重的渴求，有时它可以被细分为两个不同的阶段；第四阶段的愿望是对知识的渴求。

上述四个阶段的愿望可以被分为两大类别：第一类是动物的所有生物都有的愿望（第一个愿望的阶段）；第二类是人的愿望，顾名思义，这类愿望只有人才会产生（第二、第三及第四愿望的阶段均属于这个范畴）。正是第二类愿望让我们人类社会发展到今天的地步。

然而，到了今天，一种新的愿望光临我们的生活，它属于享乐的愿望演化过程中的第五个阶段。我们在上一章曾提到过的《光辉之书》中写道，到了20世纪末，一种新的愿望将出现。

这种新的愿望不仅仅是另外一种愿望，它是前面四个阶段的愿望所发展到的最高阶段。它不但是最强烈的愿望，而且它包含了与其他一切愿望迥然不同的特性。

当卡巴拉学家谈到"心"时，他们不是在说人体内的那颗"心脏"，而是指前四个阶段的愿望。而第五阶段的愿望则有本质上的不同，它只要求得到精神世界的满足，而不要求得到这个世界上的任何物质的满足。这种愿望也是人们必定要体验的精神进步的根源。出于这种原因，卡巴拉学家将这种愿望称为"心里之点"。

应对新愿望的新方法

当"心里之点"流露出来时，人们便开始从渴求世俗乐趣——性、金钱、权力和知识，向渴求精神乐趣转化。因为这是我们所追求的一种新的乐趣，因此我们也需要有一种新的方法来满足它。满足这种新愿望的方法被称为"卡巴拉智慧"（"如何去接受"的）智慧）。

为了理解这种新方法，让我们审视一下卡巴拉智慧——其目的是满足人类的精神的愿望——同为满足其他愿望而采取的方法之间存在着什么差异。借助我们"普普通通"的愿望，我们通常能非常容易地解释我们心中之所想。如果我想吃饭，就去寻找食物；如果我想得到他人的尊重，我会用一种我认为会赢得他人尊重的方式去做事。

然而由于我对精神领域还不是很了解，我又如何知道获得精神满足都需要做些什么呢？因为在开始的时候，我们没有意识到我们真正所渴望的，就是发现创造者；我们也并没有意识到为寻找创造者，我们将需要一种新的方法。我们自己都不懂这个愿望与我们以前所感受到的任何事物是如此全然不同。这就是为什么发现及满足这种愿望的方法，被命名为"隐秘的智慧"。

只要我们渴望得到的，只是一些食物、社会地位，至多只是知识，那么我们都不需要这种"隐秘的智慧"。自古至今，由于我们要它也没有什么用处，因此它仍处于隐秘之中。但这种智慧秘而不宣，并不意味着它被遗弃。恰恰相反，5000年来，卡巴拉学家一直都在精心地雕琢它，耐心地等待着人们需要它的那一时刻的来临。他们在撰写越来越简单的著作，为的就是让卡巴拉这门科学变得更加通俗易懂，能有更多的人接触到它。

他们知道有朝一日整个世界都会需要这种"隐秘的智慧"，而且他们在书中写道，这会发生在第五阶段的愿望浮现出来时。目前，这一阶段日渐显现，那些认识到自己精神需求的人们，纷纷觉得需要卡巴拉智慧。

用卡巴拉术语来讲，为了接受快乐，你就必须要有一个可以容纳它的Kli（容器），也就是说，一个很明确的能接受特定满足的愿望。Kli的出现迫使我们的大脑寻找一个方法，用Or（光）去充满它。既然我们许多人已经有了"心里之点"，卡巴拉智慧便作为一种满足我们精神愿望的方法，供我们采用。

Tikun——接受愿望的改正

我们已经讲过，接受的愿望是一个没有任何真正选择的僵局：当我最终获取了我所寻求的物质享乐时，我几乎是立刻不再想要它了。当然，如果我不想要它了，也不可能再从它那儿得到任何乐趣。

追求精神满足的愿望，带来了它自己预设的、可避免这种僵局的独特机制。这种机制被称为Tikun（改正）。第五阶段的愿望必须首先要"穿上"一件Tikun，才能被快乐、有效地利用。

懂得了Tikun，对卡巴拉的许多常见的误解便可被消除。接受的愿望一直是人类历史进步与变革的推动力。但是接受的愿望总以达到自我满足的目的为出发点。尽管渴望得到快乐不是什么坏事，但为满足一己之乐的意图，却将我们置于自然——创造者的对立面。这样一来，通过"为了自己接受"的渴求，我们将自己同创造者相分离。这是我们的堕落行径，也是我们遭受的一切不幸与失意的缘由。

若想让Tikun发生不是在我们停止接受时，而是在我们改变意图，即为何去接受时。倘若我们为了自己而接受，那它就成了"利己主义"；倘若我们为了与创造者团结而接受，那它就成了"利他主义"，这就意味着我们与自然相统一。

举个例子，假如你一连数月每天都吃相同的饭菜，你会吃得津津有味吗？也许不会。但这正是要求婴儿去做的事。在这件事上他们没有选择。事实上，他们同意去这样做的唯一原因，就在于他们根本不知道还有其他可以吃的好东西。可想而知，婴儿吃奶时所感到的乐趣或许就是只从填饱肚子那里而获得的。

接下来再想一想婴儿的母亲。想象一下她在哺育自己的孩子时满脸幸福的神情，她只需要看到孩子在健康地进食，就会感到非常惬意。她的孩子可能会（至多会）从进食中得到满足，而她这位做母亲的却心情舒畅、神采飞扬。

我们碰到的是这样一种情形：母亲和孩子都能够从孩子对食物的渴望中得到快乐。而当孩子将关注点放在填饱自己肚子上面时，母亲感到了无限的快乐，这是因为她乐于给予自己的孩子，她能够从哺育孩子的过程中得到精神上的满足。她的关注点并不是她自己，而是她的孩子。

对自然来说，道理也一样。如果我们知道自然希望我们做些什么，而且能够实现其希望，那么我们将在这种给予之中获得快乐。此外，我们不会停留在本能的层次上，像母亲和孩子那样自然地体验物质上的快乐，我们将升华到精神层次，与自然紧密结合。

在希伯来语——卡巴拉的原始语言之中，意图被称为Kavana。因此，我们所需要的Tikun

（改正），就是设置我们的愿望的正确的Kavana明确我们的愿望的正确的Kavana。进行改正并明确正确的意图给我们带来的回报，就是满足我们的最后一个、也是最伟大的追求精神世界的、创造者的愿望。当这一愿望被实现时，人就知晓了控制整个现实的系统，自己参与到这个过程中，最终得到钥匙并坐在驾驶者的位置上。这样的人不再以我们常人的方式去体验生与死，而是与创造者团结，轻松、愉快、永恒地流淌在幸福及完美之中。

?其　　?其　　?其　　?其　　?其

我们的愿望可以划分为五个阶段、三种类别。第一类是动物的欲望（对食物、性和家庭的渴求）；第二类为人的愿望（对金钱、荣誉和知识的渴求）；第三类是精神领域的愿愿（"心里之点"）。

只要是仅有前两类的愿望活跃着，我们都借助常规的方法去"驯服"我们的愿望，并且抑制它们。当"心里之点"浮现出来时，前两种方法就不灵验了，我们必须寻找另外一种方法。到了这个时候，秘而不宣的卡巴拉智慧在数千年之后，终于等到了人们需要它的这一天，于是兴起。

卡巴拉智慧是一种改正我们的手段。借助它，我们能够将自己的意图，从寻求自我满足——可被解释为利己主义，转变为满足整个自然，满足创造者——可被解释为利他主义。

我们今天正在经历的全球危机，实际上就是一场愿望的危机。倘若我们能够利用卡巴拉智慧，去实现我们的最后一个、也是最伟大的一个愿望——即渴求精神世界，那么所有的问题将迎刃而解，因为它们的根源就在于目前许多人正经历着精神上的失意与不满。

第三章

创造的起源

既然我们已经认定今天真正有了一种研究卡巴拉的需求，那么确实到了我们应该学习这种智慧的基本知识的时候了。即使本书论述的范围还不足以让我们对更高的精神世界做一个透彻的研究，但你在阅读完本章之后，必将为你在卡巴拉领域继续深造奠定一个坚实的基础，假若你想对这门科学进行深入钻研的话。

就图一事简要介绍几句：无论过去还是现在，卡巴拉著作中总会有一些图。插图帮助描绘精神状态或结构。从一开始卡巴拉学家就将图作为一种工具，用来帮助解释他们在精神旅途上所经历的那一切。然而，最重要的是要牢记，图并不代表有形的物体，它们只是用来解释精神状态的图形，而这种精神状态则涉及一个人与创造者、与自然最密切的关系。

精神世界

创造物完全是由一种接受快乐的愿望所构成。这种愿望的进化可划分为四个阶段，最后一个阶段被称为"创造物"（图1）。这种愿望进化的模板结构是存在的万事万物的基础。

图1描述了创造物的形成过程。如果我们将这个形成过程作为一个故事来看待，它将帮助我们记住这一图形所描述的是感情和精神的状态，而不是某个地点或某个物体。

在任何事物被创造出来之前，它必须先被想象、规划出来。在这个例子中，我们所谈论的是创造过程与引发创造的思想。我们将其称为"创造的念头"。

在第一章中，我们提到，在过去，人们对自然的恐惧促使他们为自己及为我们所有人寻求自然所准备的接收快乐的规划。但这里所提到的不是在这个世界所能感到的乐趣。自然（我们已经讲过，它是一个可与"创造者"这一术语进行互换的词语）想让我们获得一种很特殊的快乐——从变得与自然本身、与创造者相同那儿所获得的快乐。

因此，如果你认真看看插图1，你将明白创造的念头实际上是一种给一切创造物带去快乐（即"光"）的愿望。这也是创造的根源，我们都是从这儿起源的。

卡巴拉学家用Kli(容器)这个术语来描述获得快乐（即"光"）的愿望。现在我们就能明白他们为什么将其智慧称为"卡巴拉智慧"（接受的智慧）。

他们将这种快乐称为"光"是有充足的理由。当Kli—创造物、人感受到创造者时，说明这个得到启蒙的人感受到了一种伟大的智慧，就如同我得到启蒙后豁然开朗，现在已经能够看到"光"。在遇到这种情形时，我们就能够认识到无论产生了何种智慧，它总是会在那儿，尽管我们用肉眼看不见它。这就好像深夜的漆黑化为白天的光亮，不可见的一切已变得可见。而且正是由于这种"光"带来了知识，卡巴拉学家才将其称为"智慧之光"，并且还将获得它的手段称为"卡巴拉智慧"。

四个基本阶段

让我们回过头来接着讲述我们的故事。为了将给予快乐的念头付诸实践，创造者设计了创造物；它渴望通过变得与创造者一样获得快乐。如果你是一位家长，你就会对此深有体会。下面这句话是我们能对一位自豪的父亲所说的最有温情的话："你的儿子简直像极了你！"

正如我们刚刚说过的那样，创造的念头（使创造物感到满足）是创造的根源。出于这种原因，创造的念头被称为"根阶段"或"零阶段"，而接受快乐的愿望则被称为"阶段一"。

请注意，"阶段零"用向下的箭头表示。每逢有一个向下指的箭头，就意味着源于创造者的光指向创造物。但这句话反过来说并不正确：一个向上指的箭头，并不意味着创造物将光给了创造者。向上指的箭头指的是创造物想要将光还给创造者。而当出现两个分别指向相对方向的箭头时，表明发生了什么情况呢？请继续阅读，不久你就会发现它的意义。

卡巴拉学家还将创造者称为"赐予的意愿"，而将创造物称为"接受快乐的意愿"，或直简单称为"接受的意愿"。稍后，我们将谈论我们对创造者的感知，但在这一点上需要强调一下，卡巴拉学家给我们所讲述的一切是他们本身感知到的。他们并没有告诉我们说，创造者有一种赐予的愿望；他们则告诉我们，他们能看到的创造者有一种给予的愿望，因此他们将它称为"赐予的意愿"。正因为他们自身发现了一种接受（创造者想赐予的）快乐的愿望，所以他们将自己称为"接受的意愿"。

由此可见，"接受的意愿"就是第一个创造物，是万物的根源。倘若创造物——"接受的意愿"……感觉到源于给予者的快乐，它会同时感到真正的快乐在于给予，而非接受。因此，"接受的意愿"开始想给予（注意从第二个Kli—图中的杯子——向上延伸的箭头）。这是一个崭新的阶段——阶段二。

让我们检验一下这个阶段究竟为什么是新的。如果我们看一看 Kli 本身，就会发现在全部的四个基本阶段中，它并没有变化。这意味着接受的意愿依然像以前那样活跃。因为接受的意愿是在"创造的念头"中规划的，因此它是永恒的，永远无法被改变。

然而，在阶段二中，接受的意愿想从给予中而非从接受中获取快乐，这就是一个根本的变化。这种巨大的差异反映在阶段二需要有另外一个它可以给予的事物。换句话说，阶段二中必须与它自身之外的某个对象进行积极联系。

不顾我们潜在所拥有的接受的意愿，阶段二迫使我们奉行"给予"，这样一来，生命的存在就变得可能了。如果不是这样，双亲为了一己私利而不再呵护自己的孩子，社会生活也便无从谈起。例如，如果我拥有一家餐馆，我的愿望是赚钱，但我坚守的底线就是我要给同我没有任何长期利益的陌生人提供餐饮。对银行家、（甚至于纽约的）出租司机及其他任何人来说，道理都一样。

现在我们就能够明白为什么自然的法则是利他与给予，而不是利己与接受。即使像阶段一所说，接受的意愿是万物的动机的根本。从创造物既有了一种接受的意愿，又有了一种给予的意愿这一刻开始，对创造物所发生的一切都源于前两个阶段之间的"联系"。

正如我们刚才所讲，阶段二中那种给予的意愿迫使它去沟通，去寻找一个需要获取的对象。因此，阶段二现在开始检验它能给予创造者什么。毕竟，它还能给予谁呢？

当阶段二真的试图给予时，它发现创造者所想要的就是给予。创造者没有任何接受的意愿。此外，创造物能给予创造者什么呢？

除了这些，阶段二发现：究其实质，阶段一的真正意愿是接受。阶段二发现它的根源就是一种接受快乐与愉悦的意愿，甚至在它之中哪儿都找不到一点真正的给予的意愿。然而，这件事的症结就在于由于创造者只想给予，而创造物接受的意愿正是它能给予创造者的那一切。

这句话听起来可能会令人困惑，然而如果你思考一下母亲从哺育婴儿的过程中所获取的那种快乐，你就会意识到婴儿只是借助"想吃"这样一个接受的意愿，使母亲感到满足。

因此，在阶段三，接受的意愿选择接受，而在这么做的过程中它又还给了根阶段、创造者。现在，我们就跑完了一整圈，其中的两位选手都是给予者：阶段零，即创造者给予了创造物（也就是阶段一），进而，创造物则在历经阶段一、阶段二和阶段三之后，通过"从创造者那儿接受"来给予创造者。

在图 1 中，阶段三向下的箭头表明它的行为是接受，就像阶段一那样；然而，向上的箭头却表明它的意图是给予，就像阶段二那样。而这两种行为都使用了同阶段一及阶段二一样的接受的意愿，这一点没有丝毫改变。

正如我们前面已经看到的那样，我们自私自利的意图，制造出我们在这个世界上发生的所有问题。而在创造的根源之处，意图也要比行为本身更重要。耶胡达·阿斯拉格曾比喻说，实际上，阶段三是 10% 的获取者和 90% 的给予者。

现在我们似乎有了一个完美的循环，在这个循环中，创造者已成功地创造出了与——一个给予者——同一的创造物。除此之外，创造物也乐于给予，同样用快乐还给了创造者。但这样创造的念头就完成了吗？

当然并没有全部完成。对接受的行为（阶段一）及"创造者的唯一愿望就是给予"的理解，使得创造物渴望处于同样的状态（阶段三）。然而，成为一个给予者，并不意味着创造者自然而然就处于同样的状态，从而实现创造的念头。

处于创造者的状态，意味着创造物不但要成为一位给予者，而且还要具有与真正的给予者一样的想法——创造的念头。在这样一种状态中，创造物将懂得为何要开始进行"创造者—创造物的这个循环"，为何创造者形成了创造物。

显然，那种追求了解创造的念头的愿望的产生，标志着一个全新的阶段的开始。我们可以将其比作一个渴望长得像父母一样强壮、明智的孩子。我们本能地认识到，这个孩子只有以其父母为榜样，才会出现这种情形。这就是为什么家长常常对自己的孩子说："等到你也有了自己的孩子时，你就什么都明白了。"

在卡巴拉中，领悟创造的念头——最深层次的领悟——被称为"理解"，这正是接受的意愿在最后阶段——阶段四所渴求的。

达到创造念头的意愿是创造物中最强大的力量，它站在整个进化过程背后。无论我们是否意识到它，我们所寻求的终极知识，就是领悟创造者为何做它所做的这一切。正是这种同样的动力，激励着卡巴拉学家数千年前去发现创造的秘密。我们只有领悟了它，方可做到心境平和。

求索创造的念头

即使创造者想让我们通过变得与它相同而得到快乐，最初也并没有给予我们这种的愿望。它唯一给予我们（创造物、亚当的共同灵魂）的就是对无限的乐趣的渴求。然而，就像在四个基本阶段中我们所能看出的，创造者并没有给创造物注入一种变得和它相同的愿望，它是经历了这些阶段，在创造物内部演化而来的。

在阶段三，创造物已经接受了一切，并且有了"还给创造者"的意图。一连串的事情可能就在此时此地结束，因为创造物已经在做着创造者所做的事情——给予。从那种意义上来讲，它们现在已是同一的了。

但创造物并没有满足于给予，它想弄明白究竟是什么让给予如此愉快，给予的力量何必要创造现实，而且在给予的过程中给予者获得了什么智慧。简而言之，创造物想了解创造念头。这是一种新的渴求，一种创造者并没有"根植于"创造物之中的渴求。

在探求创造念头的这一点上，创造物成了脱离创造者的、独特的一体。我们可以用这样的方式来看待它：如果我想变得像其他人那样，那么这必然意味着我意识到除我之外，还有其他人存在着，而且这个人身上具有我所渴望的东西，或者这个人就是我所希望成为的那种人。

也就是说，我不但意识到在我之外还存在着其他对象，还意识到有与我不一样的对象。而且并不只是不一样，而是比我更优秀。否则，我何必想要像它那样？

由此可见，Malchut，即阶段四，与前三个阶段截然不同，这是由于它想接受一种很具体的快乐（参看插图中更粗的箭头）……与创造者变得相同所带来的快乐。从创造者的角度来看，Malchut 的愿望完成了创造的念头——它最初构想的那个循环（图2）。

可遗憾的是，我们并没有从创造者的角度来看待事物。我们从自己站在这儿的角度，戴着我们那副破碎的精神眼镜去看待事物，那么我们所看到的景象自然不太理想。因为站在光对面的 Kli（一个人）要想变为光，它必须怀着给予的意图，去实现它的接受的意愿。借助这种做法，它将其关注点从自身享乐，转向创造者借助给予所能获得的那种快乐那儿。这样一来，Kli 也就变成了一位给予者。

其实，为了给予创造者而接受快乐，这样的情况已经在阶段三有所发生。至于创造者的行为，阶段三已经完成了与创造者变得相同的工作。创造者为了赠予而给予，而且阶段三是为了给予而接受，因此在这一方面，它们是相同的。

但无限的快乐并非源于知道创造者做了什么，并去仿效它的行动。无限的满足源于知道创造者为何要那样做，并达到与它的思想同样的高度。而且创造过程的这一最高的部分——创造者的思想——当初并没有被赐给创造物；这就是创造物（阶段四）必须达到的。

这里面有着一个美妙的联系。一方面，似乎创造者和我们分别坐在法庭的对立面，因为它给予而我们接受。可实际上，创造者最大的快乐就是看到我们能够像它那样，而我们最大的快乐就是变得像它那样。同样的道理，每个孩子都渴望变得像自己的父母那样，而每一位父母都渴望自己的孩子能达到他们自己都没实现的目标。

看样子，我们和创造者追求着同样的目标。如果我们能够深入理解这个概念，我们的人生必将大有改观。我们不会再像今天那么多人一样感到困惑与迷茫，我们将和创造者一起追求在创造过程的黎明时所设定的目标。

卡巴拉学家用许多术语描述赐予的意愿：创造者、光、给予者、创造的念头、零阶段、根源、根阶段、Keter、Bina 及其他很多词汇。同样，他们还用许多术语描述获取的意愿：创造物、Kli、接受者、阶段一、Hochma、Malchut 等，不一而足。这些术语都用来指代两大特性：给予和接受。如果我们能够牢记这一点，那么我们就不会被所有这些称谓搞得晕头转向。

为了变得像创造者——给予者——那样，Kli 确实做了两件事：首先，它不再接受，这种举动被称为 Cimcum（限制）。Kli 完全阻止了光，一点点的光也不允许进入它的 Kli。同样道理，避免吃一些美味可口但并不健康的食物，要比只吃一点儿而将其余的留在盘子里更为容易。因此，做出限制，是在变成创造者的道路上迈出的第一步，也是最简单的一步。

Malchut 要做的下一个举动，就是确立一种机制，用它来检验光，并决定是否接受它；以及如果接受它，要接受多少。这种机制被称为 Masach（屏幕）。Masach 在确定到底要接受多少时所参照的条件，被称为"赐予意图"（图 3）。简单地讲，Kli 根据取悦创造者而接受的意图的大小，来决定它是否可以在内部接收光。Kli 之内接受到的光被称作"内在之光"（Or Pnimi），而留在它外部的光则被称为"环绕之光"（Or Makif）。屏幕是将 Kli 能接受为了满足创造者的光（内部光）与 Kli 不能接受的光（环绕之光）分开的一条线。

在改正过程结束之后，Kli 将获得创造者的全部的光，并与创造者团结。这就是创造的目的。当我们达到那种状态时，我们又如同一个统一的个体，又如单独的人一样将感受到它。那是因为，实际上，这个完整的 Kli 不是由个人的愿望，而是由整个人类的愿望组成的。倘若我们完成这最后一个改正，我们就会变得和创造者一样，阶段四将会被满足，而且无论从我们的角度看，还是从创造者的角度看，创造过程将被完成。

路　线

为了履行"变得与创造者一模一样"的使命，创造物首先必须获得合适的环境，在其中它能够进化并变得像创造者一样；这种环境被称为"世界"。

在阶段四，创造物被划分为两大部分：上面的和下面的。上面的部分构成世界，而下面的部分则构成这些世界里的万事万物。粗略地讲，这些世界是由 Masach 允许光进入阶段四的愿望构成的，而万事万物则是由 Masach 不允许光进入的那些愿望构成的。

上面和下面

我们已经知道，唯一构成创造物的就是接受快乐与愉悦的愿望。因此，这里说的上面和下面指的并不是位置的高与低，而是指我们对愿望的判断：高或低。换句话说，与下面的愿望相比，上面的愿望就是由我们更欣赏的愿望。在阶段四中，任何可被用于取悦创造者的愿望，都属于上面的部分；而任何无法以这种方式被运用的愿望，则属于下面的部分。

因为有五个层次的愿望——静止的、植物的、动物的、说话（人类）的、精神的，每个层次都被进行了分析。可行的愿望造就了世界，而（到目前为止）不可行的愿望造就了创造物。

我们在本章的前面曾经讲过，四个阶段的模式是所有一切存在的基础。因此，所有世界是根据相同的模式进化而来的。图4的左侧就是四个阶段所包含的主要内容，它显示出所划分的上面的与下面的部分，上面的部分涵盖世界，而下面的部分涵盖万物。

既然如此，让我们更深入地谈论阶段四及其如何与Masach运作。最重要的是，阶段四指的就是我们，所以假如我们懂得它如何运作，我们或许能够学到一些关于我们自己的知识。

阶段四，Malchut并非毫无缘由地从天而降。它是由阶段三进化而来，而阶段三是由阶段二进化而来。同样，亚伯拉罕·林肯并非突然之间坐到了总统宝座，他是由一个名叫小艾贝（亚伯拉罕的昵称）的婴儿成长为一个孩子，随后成长为一个青年，再由青年走向成年，只是到了成年之后，功勋卓著的他最终才成为美国总统。然而，前边的那些基础阶段并未消失。没有它们，亚伯拉罕·林肯便不可能成为一位伟大的美国总统。我们之所以看不到此前的那些基础阶段，是因为最发达的层面总是支配并遮蔽了不怎么发达的层面。然而，最后、最高的层面不仅会感觉到自身内基础层面的存在，而且与它们操作。

这就是为什么有些时候我们感觉自己像个孩子似的，尤其当我们的一些不大成熟的方面被触及时，这种感觉更强烈。道理很简单：这些地方尚未被成熟的层次覆盖，而且那些稚嫩之处让我们觉得自己像是一个孤弱无助的孩子。

这种多层次的结构最终让我们变成父母。在养育孩子的过程中，我们将自己现在的阶段和以前的阶段结合起来：我们之所以懂得孩子们所处的境况，是因为我们以前曾有过相似的经历。我们将那些境况同我们在过去的岁月里积累起来的知识与经验联系起来。

我们之所以以这种方式被塑造，是因为Malchut（我们用这个最通用的名字来称呼它）也完全是以同样的方式被塑造，是以完全相同的方式组成的。Malchut以前的每个阶段都存在于它的里面，并帮助维持它的结构。

为了变得与创造者尽可能相像，Malchut剖析了它自身内每个阶段的愿望，并在每一个阶段中将这些愿望划分为可行的愿望和不可行的愿望。然而，可行的愿望将不仅是为了取悦创造者而用来接受，而且还被用来"帮助"创造者完成它的使命——让Malchut变得与它一样。

我们在前边几页里曾说过，为了履行"变得与创造者一模一样"的使命，创造物必须建立正确的环境，以发展并变像创造者那样。那正是世界——可行的愿望——的所作所为。它们向不可行的愿望"展示"了如何为了给予创造者而去接受；借助这种做法，它们帮助不可行的愿望改正自身。

我们可以将这些世界与创造物之间的关系描绘为一群建筑工人，其中有一个建筑工人不知道该做些什么。世界通过演示如何做好每项工作来培训创造物：如何钻孔，如何使用锤子，如何使用水平仪等。说起精神领域时，世界向创造物显示创造者已经给了它们什么，以及它们怎样才能将之正确地用作起来。渐渐地，创造物也能够开始以这种方式来运用它的愿望，这正说明了我们这个世界的愿望为什么会慢慢地从最微弱到最强烈地浮出来。

从我们目前所掌握的知识来看，我们尚且不清楚我们所谈论的五个世界中，哪个世界是我们的世界。其实，它们之中没有一个是我们的。要时刻牢记：在精神领域中没有"地点"，只有"状态"。精神世界越高，它所代表的那种状态就越利他；我们的世界之所以在哪儿都未曾被提到，是因为精神世界是利他的，而我们的世界，就像我们一样，是利己的。因为利己主义与利他主义背道而驰，所以我们的世界脱离了精神世界的体系。这就是为何卡巴拉学家在他们描绘的结构中从未提到它。

此外，世界实际上是不存在的，除非我们通过变得和创造者一模一样，来创造它们。用过去时态来谈到它们，是因为那些从我们的世界攀登到精神世界的卡巴拉学家告诉了我们他们所发现的。如果我们也想发现精神世界，那么我们必须通过成为利他主义者来在我们内部创造这些世界。

愿望以下列方式被划分：Adam Kadmon 世界是静止层次的可行部分，而静止层次下面的部分——创造物——则是不可行的部分。实际上，在静止层次，根本没有什么需要改正，因为它是不能活动的，而且不会运用它的愿望。(可行部分和不可行部分上的)静止层次，是世间万事万物的根源。

下面要讲的 Atzilut 世界，是植物层次的可行部分；而植物层次下面的部分（创造物）是不可行部分。Beria 世界是动物层次的可行部分，而动物层次下面的部分（创造物）是不可行部分。Yetzira 世界是说话的层次的可行部分，而说话的层次的不可行部分为下面的部分，即创造物。最后，Assiya 世界是精神层次（愿望的最强烈层次）的可行部分，而精神层次的下面部分（创造物）是不可行部分。

现在你就明白为何当我们去改正人类时，其他的一切同时也会被改正。既然如此，就让我们谈一谈我们自己，谈一谈我们生活中所发生的事情。

Adam ha Rishon————"亚当"共同的灵魂

Adam ha Rishon 代表着亚当共同的灵魂（创造物），它是宇宙间所发生的一切的真正根源。一旦精神世界彻底形成，它就作为愿望结构得以显现。我们前面讲过五个世界：Adam Kadmon、Atzilut、Beria、Yetzira 及 Assiya，完成了阶段四的上面部分的发展。然而，阶段四的下面部分依然需要演变。

也就是说，灵魂是由不可行的愿望构成；这些愿望当初产生时，就无法为了给予创造者而接受光。现在，在世界、在可行愿望的帮助之下，它们必须逐一显现，并得到改正。

这样一来，就像阶段四的上面部分一样，阶段四的下面部分也被划分为静止的、植物的、动物的和说话的愿望层次。Adam ha Rishon 根据与世界及四个基础阶段的发展一样的阶段进化而来。然而，亚当的愿望是自私的、以自我为中心的，所以它一开始无法接受到光。因此，作为亚当灵魂的组成部分，我们丧失了对完整、和谐的感知，尽管创造者是在完整、和谐之中创造了我们。

我们必须懂得这种精神体系如何运作。创造者的愿望是赐予；这就是为何它创造了我们并支撑着我们。我们已经讲过，接受的愿望本质上是以自我为中心的，它在不断地吸纳；而给予的愿望必定会将关注点放在外部的接收者。这就是为何接受的愿望无法创造；这就是为何创造者必定怀着给予的愿望，否则它也无法创造。

而正是由于创造者想给予，因此它创造的万物必定想接受，要不然它将无法给予什么了。这样一来，创造者创造了仅仅怀有接受愿望、而除此之外一无所有的我们。懂得了这一点非常重要；在我们之内除了接受的愿望别无他物，而且也只有接受的愿望应该留存于我们自身。因此，如果我们从创造者那儿接受，整个循环也就完整了。创造者高兴，我们也常高兴。对吧？

实际上，这不完全对。如果我们所想的是接受，那么我们就无法同给予者建立联系，因为我们内在里没有什么会向外观看的，我们的所得究竟从何而来。这说明尽管我们必须具有接受的愿望，但我们还必须知道谁是给予者，而要做到这一点，我们需要有给予的愿望。这就是为什么我们拥有阶段一和阶段二。

想要拥有两种愿望并不意味着去创造一种创造者没有根植于我们内部的新愿望。拥有两种愿望，就是只关注我们为给予者带去的快乐，而将我们在这个过程中是否体验到快乐置之度外。这被称为"给予的意图"。它是改正的实质，而且正是它将我们从利己主义者转变为利他主义者。最终，一旦具备了这种品质，我们便能与创造者结合起来，而这正是精神世界要教给我们的道理。

在没有感觉与创造者团结之前，我们都被视为亚当灵魂的碎片——未经改正的愿望。就在我们有了给予的意图的那一刻，我们得到改正并与创造者、与整个人类密切相联。当我们所有人都得以改正时，我们将重新上升到我们的根阶段，甚至超越 Adam Kadmon 世界，达到被称为 Ein Sof 世界(无止境世界)的创造的念头，因为我们的满足将是无尽的、永恒的。

?其　　?其　　?其　　?其　　?其

"创造的念头"就是通过创造与其创造者相似的创造物，从而给予快乐和愉悦。这种念头（光）创造接受快乐和愉悦的意愿。

这样一来，"接受的意愿"开始想给予，因为这样它将变得更像创造者，而且这是更可取的。接受的意愿随后做出去接受的决定，因为这样才能取悦创造者。此后，接受的意愿想了解创造它的那种念头，这是因为还能有什么比无所不知更让人感到快乐的呢？最终，接受的意愿（创造物）开始本着给予的意图去接受，因为给予能让其变得与创造者相等，这样，获取的意愿便能研究创造者的思想。

那些为了给予而接受的愿望创造了世界，这些世界被认为是创造物的上面部分；而无法被用来给予的那些愿望，则构成了亚当共同的灵魂。那些愿望被视为创造的下面部分。

尽管世界与灵魂是以类似的方式倍构成的，但它们在愿望的强烈程度上存在着差异。正是由于这一点，世界可以向灵魂展示如何才能为了给予而努力，从而帮助亚当进行改正。

粗略地说，每个愿望都在特定的世界里被改正：静止层次在 Adam Kadmon 世界被改正；植物层次在 Atzilut 世界被改正；动物层次在 Beria 世界被改正；说话的层次在 Yetzira 世界被改正；而追求精神境界的愿望只能在 Assiya 世界被改正。要知道，Assiya 世界最下面的一部分是我们物质的宇宙。而这样就引出了我们将在下一章探讨的话题。

第四章

我们的宇宙

我们在上一章的开篇中讲道，在万事万物被创造出来之前，存在着创造的念头。这种思想创造了阶段一到阶段四的接受的意愿。接受的意愿创造了从 Adam Kadmon 到 Assiya 的世界，随后这些世界创造了 Adam Ha Rishon 的灵魂。亚当的灵魂则分裂为我们今天所拥有的无数的灵魂。

牢记上面这种创造的秩序之所以非常重要，是因为它提醒我们，事物按照自上而下，由精神到物质的顺序演化，而非相反。实际上，这意味着我们的世界是由精神世界创造和支配的。

此外，我们这个世界上没有一件事情不是首先在精神世界那儿发生的。我们的世界和精神世界的唯一区别，就在于精神世界的事情反映出利他的意图，而我们的世界的事情则反映出利己的意图。

鉴于世界的这种"接踵而来的"结构，我们的世界被称为"结果的世界"；这里所说的结果，指的是任何事件都首先在精神世界被加工、处理后，在我们的这个物质世界所显现出来的结果。无论我们在物质世界做什么，它都对精神世界没有任何影响。因此，如果我们想在这个世界改变任何事物，我们必须首先升华至精神世界，也就是我们这个物质世界的"操控室"，然后从那儿去影响我们的物质世界。

金字塔

和精神世界出现的情形一样，我们物质世界的万事万物都依照从零到四的五个阶段不断演化。我们的世界被建得像一座金字塔。在其底部，是我们的世界进化的开端，有一个由万亿吨的物质组成的静止（非生命）层次（见图5）。

有一颗微粒迷失在这万亿吨的物质中，这颗微粒就是我们的"地球"。在这个星球上出现了植物的层次。当然了，地球上的植物层次在规模上若与地球上的非生命的层次相比，会显得微不足道；若与整个宇宙相比无疑是大海中的一滴。

动物在植物之后出现；若与植物层次相比，动物层次的规模更小。

最后才进化到说话的层次，在所有的几个层次中，这个层次的规模当然最小。

近来，另外一个层次从说话的层次中出现了，它被称为"精神层次"或"精神领域"（既然我们在此谈论的是地质时期，那么当我们提到"近来"发生的事情时，我们指的是只在几千年前发生的事情）。我们无法掌握创造的整个规模，可如果我们看一看创造的金字塔（图5），而且考虑一下每两个相邻层次之间的比例，就能开始懂得精神层次的追求是多么的特殊，而且真的是近来才发生的事情。实际上，如果我们考虑到宇宙的存在时间大约为150亿年，而且将这个时间长度视为有24小时的一整天的话，那么我们精神层次的追求只是在0.0288秒之前才产生。用地质学的术语来说，这就是现在。

这样一来，一方面，愿望在金字塔结构中的位置越高，就越稀少（产生的时间距今就越近）。另一方面，在人类层次之上存在着精神层次，这表明我们还没有完成我们的进化。进化像以前一样活跃，可由于我们是最后一个出现的层次，我们理所当然地去想，自己处在顶层。我们可能会在顶层，但却并不在最终的层次。我们仅仅是在已经出现的四个层次中的顶层。

最终的层次虽然将把我们的躯体作为"东道主"，但是将包含全新的思想、感觉及存在的方式。它正在我们自身之内演化着，而且它被称为"精神层次"。

在精神层次之上，不需要进行任何物质的变化或新的物种，唯一需要的就是在我们感知世界之中发生的内在变化。这就是为何这一层次那么难以表述；它就在我们之内，就像数据记录在硬盘上一样，它记录在我们的 Reshimot（精神的基因）中。无论我们是否意识到它，这些数据都将被读取并执行；然而，我们能用一种正确的"软件"……卡巴拉智慧去读取和执行它，这样，处理这些数据的过程将会变得更加轻松和快捷。

上行下效

如果我们在四个基本的物质阶段和光阶段之间划一条平行线，那么静止纪元对应着根阶段，植物纪元对应着阶段一，动物纪元对应着阶段二，人类纪元对应着阶段三，而精神纪元则对应着阶段四。

地球火热的青春年代持续了几十亿年，而当那种火热渐渐冷却下来时，植物生命出现了，而且在随后的数百万年间统治着地球。然而，就像精神金字塔上植物层次比静止层次狭窄得许多一样，地球上的植物纪元要比地球上的非生命纪元更为短暂。

在植物层次末后，地球迎来了动物纪元。就像前面的两个层次那样，动物纪元要比植物纪元短暂。这正好符合精神的金字塔的植物层次和动物层次之间的比例。

与精神金字塔上的说话层次相对应的人类阶段，出现时间大约在4万年前。当人类完成了它的阶段四（最后一个阶段）的进化后，进化将会结束，人类将与创造者重新团结。

阶段四开始于5000年前，当在人的心内第一次出现了"心里之点"。就像在精神世界中那样，第一次体验到这一点的人的名字叫亚当。他是Adam Ha Rishon（第一个人）。Adam（亚当）这个名字来自希伯来语的Adameh la Elyon（意为"我将变得和更高的阶段一样"）一词，它反映出亚当渴望变得与创造者相同的愿望。

如今正值21世纪的开端，进化正处于阶段四——变成与创造者相像的愿望。这就是为什么今天越来越多的人对自己的存在疑问并寻求着精神解答。

梯子之上

当卡巴拉学家提到精神层次的进化时，他们是在谈论如何攀登精神的阶梯。这就是为什么卡巴拉学家耶胡达·阿斯拉格将其对《光辉之书》注释的评论作品称为（即《阶梯的注释》，而他本人也因这本注释而被大家称为Baal Ha Sulam（意为"梯子的主人"）。如果我们往回翻上几页，就会明白"顺梯而上"实际上意味着"回归根源"。这是因为我们此前曾经到达过那儿，但现在我们必须靠自己去弄明白如何返回那儿。

根源是我们的最终目标，这是我们所要到达的终点。而为了快速、平和地到达那儿，我们就需要怀有达到目标的伟大愿望——Kli。这样一种追求精神世界的愿望，只有源自光，源自创造者。而为了变得足够的强烈，它需要环境来加以强化。

让我们通过举例把道理说得更明白一点儿：如果我想要一块蛋糕，我首先会在我的头脑中描绘出这个蛋糕，它的外表、颜色、甜味和它在我嘴里溶化的感觉。我脑子里把它考虑得越细，我就越想吃它。在卡巴拉中，我们会说"这个蛋糕"用"环绕之光"在我们眼前照耀。

由此可见，要想达到精神世界，我们需要获取这种能让我们渴望精神快乐的"环绕之光"。我们会聚的这种光越多，我们进步得就越快。渴求达到精神领域，则被称为"升起MAN"（MAN来自希伯来语的mei nukvin，表示下层者向上层者请求得到生命之光；或表示一个很深的对改正并接近创造者的意愿）；而要做到这一点的技巧，类似于增强对蛋糕的食欲——在头脑中描绘它，谈论它，阅读有关它的内容，思考它，竭尽全力地将关注点放在它的上面。然而，增强任何一种愿望的最强有力的手段，就是我们的社会环境。我们可以利用这种环境增强我们对精神世界的渴求，我们的MAN，并这样加速我们的进步。

我们将在第六章中详细讨论这种环境，就目前而言，让我们以这种方式来考虑它：如果我周围的每一个人都渴望并谈论着同样的东西，而且如果他们关注的就是这个东西，那么我定然会对它产生渴望。

在第二章我们曾提到过，在第二章，我们说过Kli（愿望）的出现迫使我们的头脑去寻找一个用Or（光）来满足Kli的方法。Kli越大，光就越大，而光越大，我们就能越快地找到正确的道路。

我们仍需懂得"环绕之光"如何建造我们的Kli，以及为何它被称为起始之"光"。要了解这一切，我们必须先掌握Reshimot的概念。

精神世界和亚当的灵魂都以一定的顺序进化而来。之于世界，是 Adam Kadmon、Atzilut、Beria、Yetzira 和 Assiya；而之于亚当的共同灵魂，进化以所产生的那类愿望——静止的、植物的、动物的、说话的和精神的来命名。

这就像我们不会忘却自己的童年一样，我们在目前的经历之中借鉴昔日的那些事情，进化过程中完成的每一个步骤都没有遗失，而是被登记在我们潜意识中的"精神记忆"里。换句话说，我们自身之内潜藏着我们精神进化的全部历史：从我们与"创造的念头"合一开始算起，一直计算到今天。顺着精神阶梯向上攀登，意味着牢记我们以前经历过的状态，而且揭开那些记忆的面纱。

那些记忆被恰当地称为 Reshimot（记录），而且每一个 Reshimo（Reshimot 的单数形式）代表着一种具体的精神状态。因为我们的精神进化按照一个特定的顺序进行，所以现在 Reshimot 才按照那一顺序在我们内部浮现。这也就是说，我们未来的状态之所以已经确定下来，是因为我们没有再创造任何新事物，只是记起了已经在我们自身发生的、却尚未被我们意识到的那些事情。我们能够自行确定的一件事情——我们将在下一章中详细探讨它——就是我们能够多快地登上精神的阶梯。我们越努力去攀登它，这些状态就变化得越快，我们的精神进步也就越快。

当我们完全体验了一个 Reshimo 之后，它就被完成了，而且它们仿佛是一条链子那样，当一个 Reshimo 结束时，下一个 Reshimo 便会出现。下一个 Reshimo 最早创造了当前的 Reshimo，而从现在开始我们重新攀登精神之梯，当前的 Reshimo 正在唤醒它的原创者。这样一来，我们永远也不应该期望结束我们目前的状态，以便我们能够一劳永逸，这是因为当目前的状态结束时，它会引导出序列中的下一个状态，这种情形将一直持续到我们完成自己的改正过程。

当我们试图变成利他主义者（精神之人）时，我们便距离自己的正确状态越来越近，这是由于我们更加迅速地唤醒了 Reshimot。既然那些 Reshimot 是更高的精神体验的记载，它们在我们自身制造的感知则是更加"精神"的。

当那种情况发生时，我们便开始模模糊糊地感觉到存在于那种状态中的联系、团结与关爱，它们在我们的眼中就像遥远的地方发出的微弱的亮光。我们越努力去向着它前进，就越接近它，甚至它就愈加强烈地照辉。此外，光越强烈，我们对它的渴望也就越强烈，因而光造就我们的 Kli，激发我们对更高精神世界的渴求。

现在我们还看到，"环绕之光"这个称谓完美地描述了我们感受它的方式。只要还没有达到它，我们就将它视为一种从外在的用令人眼花缭乱的幸福的许诺来吸引着我们。

每当光为我们造就了一个大小足以让我们迈向下一个层次的 Kli，下一个 Reshimo 便随之而来，我们的内心也随即产生了一个新的愿望。我们之所以不知道我们的愿望发生变化的原因，是因为它们总属于（即使并不像如此）比我们现在的层次更高一层的 Reshimot。

这就好比上一个 Reshimo 出现了，它将我们带到目前的状态，而就在此时此刻，一种新的愿望正从一个新的 Reshimo 中向我们走来。正是这样，我们不断地攀登精神阶梯。这是一条 Reshimot 及上升的、结束于创造之规划中的螺旋；创造之规划就是我们灵魂的根源，在那里我们与创造者等同并合一。

追求精神境界的愿望

我们在前面的内容中曾解释过，阶段四的下面部分是亚当灵魂的实质。就像精神世界根据不断增强的愿望而构建一样，亚当的灵魂（人类）也通过五个阶段进化而来：从阶段零（静止阶段）到阶段四（精神阶段）。

每个阶段出现时，人类就完全地体验它，直到它耗尽自己。随后，依照我们自身内的 Reshimot 的序列，下一个层次的愿望浮现出来。时至今日，我们已经体验了从静止阶段到说话阶段的所有 Reshimot。人类在其进化过程中只留下了完全实现精神境界的愿望。到了那个时候，我们就能成功地与创造者融合。

实际上，正如卡巴拉学家伊萨克·鲁里亚（Isaac Luria 或 Ari）所描述的那样，第五阶段愿望的出现应该追溯到 16 世纪；而今天我们却在见证着第五阶段中最强烈的愿望的出现——在精神层次里的精神的愿望。此外，我们还见证着世界各地千百万人在为自己的问题寻求着精神解答。

因为如今显现出现的 Reshimot 要比以前任何时候都更接近精神世界，因此我们在探究的首要问题就是他们的起源，他们的根！尽管他们之中大多数人都居有其所，而且赚的钱足以养家糊口，但他们并没有安于现状、不思进取，而是致力于探寻他们从何而来，依照谁的计划，为着什么样的目的来到世间。当他们不再满足于各种各样的宗教提供的解答时，他们便开始从其他的学科那儿寻求解答。

阶段四和其他阶段的主要差异就是在这个阶段，我们必须有意识地进化。在之前的阶段，总是自然在迫使着我们由一个阶段转变到另一个阶段。自然的做法就是给我们施加巨大的压力，让我们在目前这种状况中感到如此的不愉快，以至于不得不下决心改变它。自然就是以这种方式发展着它的各个部分：人类、动物、植物，乃至非生命的物质。

由于我们天性懒惰，所以只有当压力大到我们无法忍受的程度时，我们才从一种状态转变到另外一种状态。如果没有自然施加的压力，我们恐怕会懒惰得连手都不想抬一下。逻辑很简单：如果我在这种状况中过得舒舒服服，我何苦还要去变动呢？

然而，自然却另有安排。它不会纵容我们为一点点成就而沾沾自喜。自然想让我们不断进化，直到达到它自己的阶段，即创造者的阶段。这就是创造的目的。

在这种情形下，我们便有两种选择：要么借助自然（痛苦的）压力来进化，要么借助参与我们意识的发展过程而愉快地进化。记住：不发展并不是一种选择，因为它不符合自然创造我们时的规划。

我们的精神层次只有我们内心渴望它进化到创造者的状态，才能开始顺利进化。就像四个基本阶段中的阶段四所讲，自然现在要求我们主动地去改变我们的愿望。

因此，自然将继续给我们施加压力。我们将继续经受飓风、地震、流行病、恐怖主义，以及其他一切自然灾害和人为灾难的考验，直至我们认识到我们必须变化，必须有意识地回归我们的根源。

我们不妨简要做一下回顾：我们的精神之根依照由阶段零到阶段四的顺序演变；阶段四分裂为世界（它的上面部分）和灵魂（它的下面部分）。聚集在 Adam Ha Rishon 的共同灵魂的灵魂由于失去了与创造者的同一感而各奔东西。这种分崩离析导致人类处于目前的境况，以及精神世界（壁垒之上）和我们这个世界（壁垒之下）之间存在着无形的壁垒。

在那种壁垒下面，精神的力量创造出一颗物质微粒，它从此开始进化。这就是人们所说的宇宙大爆炸（一种学说，是根据天文观测研究后得到的一种设想，它大约发生在 150 亿年前）。

时刻牢记：当卡巴拉学家谈到精神世界和物质世界时，他们分别指的是利他主义或利己主义的品质。他们并不是指在某个尚未发现的宇宙中占有着物理空间的世界。

打个比方，我们无法乘坐宇宙飞船飞到 Yetzira 世界，甚至无法通过改变我们的行为来发掘精神领域。我们只能通过成为和创造者一样的利他主义者来发掘它。当我们那样做时，我们将发现创造者已在我们的内部，它一直在那儿等着我们。

在最后一个层次之前的所有层次中，进化却没有令我们意识到我们的"自我"。从我们个人意识的角度来看，"我们存在着"这一事实，并不意味着我们意识到了自己的存在。在达到层次四之前，我们只是存在着。换句话说，我们尽可能舒舒服服地过日子，但却将我们的人生视为理所当然的一件事，而且对存在的意义和目标漠不关心。

它真的这么显而易见吗？矿物存在着，以便植物能借其生长；植物存在着，以便动物能借其生长；矿物、植物和动物都存在着，以便人类能借其成长。而人类存在的目的是什么呢？所有层次都为我们服务，可我们又能提供什么服务并为谁服务呢？为我们自己？为我们的利己心？当我们第一次给自己提出这些问题时，我们的意识进化就开始了，我们对精神境界的渴求就出现了。这被称为"心里之点"。

在最后一个进化阶段，我们开始懂得这一进程（我们也是它的一部分）。简而言之，我们开始掌握自然的逻辑。我们越多地了解自然的逻辑，我们就越能拓展自己的意识并与其结合。最终，当我们全面掌握了自然的逻辑时，我们将知晓自然是如何运作的，甚至学会运用它。这一过程完全在最后一个层次——精神层次中——发生。

我们必须时刻牢记，人类发展的最后一个阶段应该有意识地、自愿地开展。倘若没有一种精神成长的明确愿望，精神进化便成了无稽之谈。自上而下的精神进化毕竟已经发生了。我们已经通过光发展的四个阶段经过了五个世界，即 Adam Kadmon、 Atzilut、Beria、Yetzira 及 Assiya，并最终被安置在这个世界里。

如果我们现在要沿着精神的阶梯向上攀登，我们必须选择这么做。我们被创造的目的就是变得像创造者那样。如果我们忘记了这一目的，那么我们就不可能明白为何自然不帮助我们，更不理解为何自然有时甚至会为我们设置障碍。

而另一方面，如果我们心中时刻牢记自然的目标，那么我们就会感到我们的人生是一个奇妙的发现之旅，是一种对精神的宝藏的追求。此外，我们越积极地踏上这种人生旅途，这些发现就会来得越快捷、越容易。更好的是，我们会将所有困苦感知为我们必须回答的问题，而不是我们在现实生活中必须经受的煎熬。这就是为什么我们有意识地去进化，胜于自然在身后鞭笞着我们去进化！

倘若我们有一种在精神层次得到进化的愿望，那么我们就有了合适接受它的 Kli，而且没有什么能比一个充满的 Kli——一种满足的愿望——更让人感觉良好了。

但是对精神领域的意愿必须先于精神满足而到来。Kli 为光而准备好不仅是唯一的在第四阶段中提升的方法，毫无疑问的也是唯一能带来满足的方法。

其实，如果我们考虑这么做的话，那么首先准备 Kli 是再自然不过的事情了。如果我想喝水，那么水就是我的光、我的快乐。当然了，要想喝水，我必须首先备好 Kli；在这个例子中，Kli 就是口渴的愿望。 这个道理适用于我们在这个世界上想要的任何事物。如果一辆崭新的汽车是我的光，那么我对它的渴望，就是我的 Kli。这种 Kli 让我为获得汽车而努力工作，并且确保我不会因一时心血来潮而将赚的钱胡乱花到别的方面。

一个精神的 Kli 和一个物质的 Kli 之间的唯一区别，就在于我并不清楚用一个精神的 Kli，我将会获得什么。我可能会将它想象为各种各样的事物，然而因为在我的现状与渴望的目标之间存在着一个壁垒，在没有达到这一目标之前，我可能永远也无法真正知道它究竟是个什么样子。而当我的确达到这一目标时，将会发现它比我所想象的任何事物都更加伟大；我只有真正实现它，方可确切了解它是多么的伟大。倘若我事先知道了自己的回报，那它就不是真正的利他主义，而是伪装起来的利己主义。

?其　　?其　　?其　　?其　　?其

　　物质世界借助一个金字塔形的愿望，依照与精神世界同样的层次顺序在进化着。在精神世界，愿望（静止的、植物的、动物的、说话的及精神的）创造了 Adam Kadmon、 Atzilut、Beria、 Yetzira 及 Assiya 世界。在物质世界，它们创造了矿物、植物、动物、人类及具有"心里之点"的人。

当亚当的灵魂破碎时，物质世界便被创造出来了。在那样一种状态中，所有的愿望由微弱到强烈、由静止到精神，逐一开始出现，从而一个阶段接一个阶段地创造出我们的世界。

在21世纪初的今天，除了对精神层次的追求日渐兴起之外，所有的进化层次已经完结。倘若我们能够改正它，那么我们便可与创造者融合，这是因为我们对最高精神境界的渴望，实际上就是对同创造者相结合的渴望。这将是世界和人类进化过程中的制高点。

通过增强我们返回精神之根源的愿望，我们将建立一种精神的Kli。环绕之光改正并发展着这种Kli。每一个新的发展层次唤醒一种新的Reshimo。Reshimo是一种更完整的、我们曾经所体验过的精神状态的记录。最终，环绕之光将改正全部的Kli，而Adam Ha Rishon（共同的亚当灵魂）的灵魂同它的所有部分及创造者重新结合。

然而，这一过程会引发这样一个问题：如果Reshimot被记录在我的内部中，如果这些状态在我们自身内被体验到，那么所有这一切的客观现实又在哪儿呢？如果另一个人有不同的Reshimot，那是否意味着他或她所生活的世界与我的世界并不相同呢？精神世界的情况又如何呢？如果一切都存在于我自身之内，那么精神世界又在哪儿存在呢？此外，创造者的家园在哪儿呢？请你接着读下去，下一章将回答所有的这些问题。

第五章

谁的现实堪称现实

所有的世界，更高的或更低的，都存在于人的内部之中。
————耶胡达·阿斯拉格

在卡巴拉中所发现的一切出乎意料的概念中，现实的概念是最不可预知的、最超乎常理的而又非常深奥、有趣的概念。大家都知道，爱因斯坦及量子物理对我们关于现实的思维方式产生了革命性变革。倘若没有这种变革，那么我在这儿提出的观点会被人们嗤之以鼻。

在前面一章中我们谈到，进化之所以发生，是因为我们接受快乐的愿望，从根阶段发展到了阶段四。而如果我们的愿望推动了我们的世界的进化，那么这个世界真的存在于我们自身之外吗？我们周围的世界实际上只不过是我们愿意相信的一则故事，有可能是这样一种情形吗？

我们已经讲过，创造始于"创造的念头"，而"创造的念头"则造就了光的四个基本阶段。这些阶段包括10个Sefirot: Keter（零阶段）、Hochma（阶段一）、Bina（阶段二）、Hesed、Gevura、Tifferet、Netzah、Hod、Yesod（所有这些构成了阶段三——Zeir Anpin）和Malchut（阶段四）。

《光辉之书》是一本每位卡巴拉学家都会研究的重要著作，它讲述了整个现实都只由10个Sefirot构成。一切都由这10个Sefirot组成的结构而形成。它们之间唯一的区别，体现在它们浸入我们的实质——接受的意愿——的强弱程度上。

为了理解卡巴拉学家所说的"它们浸入我们的实质"这句话的意思，我们不妨想象一种形状，就拿一个球说吧，想象着它被按进一块彩泥中，或者被按进另外一块制造模型用的黏土中。球的形状代表一组 10 个 Sefirot，而这块黏土代表我们或我们的灵魂。现在，即使你将球深深按进黏土中，球本身不会改变。然而，将球在黏土中按得越深，它对黏土的改变就越大。

如果选手是一组 10 个 Sefirot 及一个灵魂的话，那会有种什么样的感觉呢？你是否曾经突然注意到某个东西虽然总出现在你身旁，可它的某种特征却从未引起过你的关注呢？这与 10 个 Sefirot 更深地浸入我们接受的愿望中的感觉类似。简单地说，每当我们突然意识到我们以前从未意识到的某种事物时，那是因为这 10 个 Sefirot 更加深入我们了。

卡巴拉学家给"接受的愿望"取了一个名字——Aviyut。Aviyut 的实际意思是厚度，而不是愿望。但他们之所以使用这个术语，是因为"接受的愿望"越强烈，给它加盖的层次就越多。

如前所述，"接受的愿望"（Aviyut）由 5 个基本的层次构成：0、1、2、3、4。当 10 个 Sefirot 进入 Aviyut 的层次越深时，它们形成了"接受的愿望"和"给予的愿望"的多种多样的组合或混合。这些组合构成了所存在的一切：精神世界、物质世界及它们内部的万事万物。

我们的实质（接受的愿望）中的变动，创造了我们感知的工具，它被称为 Kelim（Kli 的复数形式）。也就是说，每种形状、颜色、气味、思想——存在的一切之所以在那儿，是因为在我们自身内有合适的 Kli 去感知它。

正如我们的大脑用字母去研究这个世界安排的事项，我们的 Kelim 用 10 个 Sefirot 来研究精神世界所安排的事项。如同我们要按照一定的规章制度去研究这个世界那样，为了研究精神世界，我们需要知道构筑精神世界的规则。

当我们研究物质世界的事物时，我们必须遵循一定的规则。例如，对于某件被认为是真实的事情，我们必须靠自己的经验去检验它。如果检验表明它起作用，那它就被认定是正确的；倘若有人——靠检验而不是靠评论——证明它不起作用，那它就被认定是不正确的。无论是什么事情，在被检验之前，只是一种理论。

精神世界也有限制，准确地说，有三个限制。如果我们打算达到创造的目的，并且变得像创造者一样，那么我们就必须坚守这三个限制。

学习卡巴拉过程中的三个限制
第一个限制——我们所感知的一切
卡巴拉学家耶胡达·阿斯拉格在《光辉之书》的序言中写道："共有四类感知——物质、物质的形式、抽象形式及实质。"当我们检验精神的本质时，我们有义务去决定这些类别中哪些可为我们提供确凿可靠的信息，而哪些却做不到这一点。

《光辉之书》只对前两个类别作了解释。也就是说，这本书中的每句话要么是从物质的角度探讨感知，要么是从物质形式的角度探讨感知，丝毫没有从抽象形式或实质的角度去探讨感知。

第二个限制——我们感知的地点
我们前面已经讲过，精神世界的实质被称为"亚当的灵魂"（Adam Ha Rishon）。就这样精神世界被创造出来。然而，我们已经经历了这些世界的创造阶段，而且正在向更高的阶段迈进，尽管感觉上不总是像这样。

在我们所处的状态中，亚当的灵魂已经被分裂成碎片。《光辉之书》教导我们说，这些碎片的绝大部分，确切地说是 99%，被分散到了 Beria 世界、Yetzira 世界及 Assiya (BYA) 世界，而其余的 1%则上升到 Atzlut 世界。

既然亚当的灵魂充满 BYA 世界，并被分散，贯穿了所有这些世界；既然我们都是这个灵魂的碎片，显然我们所能感知的一切只能是这些世界的组成部分。在这种情况下，我们所感觉到的那些源自 Atzilut、Adam Kadmon 等比 BYA 更高的世界的那一切，都是不准确的，无论其是以那种方式呈现在我们面前。我们所能感知的 Atzilut 世界及 Adam Kadmon 世界只是我们透过 BYA 世界滤镜所感觉到的映象。

我们的世界处于 BYA 世界的最低阶段。实际上，这一阶段在本质上与精神世界的其余部分完全相反，这也是我们无法感知它们的原因。这就像两个人背靠背站着，随后朝着各自前面的方向走去，相互之间只会越走越远。他们还有相遇的机会吗？

但当我们改正自己时，就发现我们已经生活在 BYA 世界。最终，我们甚至能和它们一起上升到 Atzilut 和 Adam Kadmon 世界。

第三个限制——谁在感知

即使《光辉之书》非常详细地讲述了每个世界的内容以及在那儿所发生的事件，就好像有一个这些事情发生的实实在在的地方，可实际上它指的仅仅是灵魂的经历。换句话说，它涉及卡巴拉学家如何感知事物，并且将他们的这种感知告诉我们，以便我们也能体验到它们。因此，当我们在《光辉之书》中读到关于在 BYA 世界发生的事件时，我们实际上是在学习西蒙•巴•约海（Shimon Bar-Yochai，《光辉之书》的作者）所感知到的及由他的儿子所描述的精神状态。

同样，当卡巴拉学家撰写有关比 BYA 世界更高的世界时，他们实际上写出来的并不是那些世界的具体情况，而是身处 BYA 世界的撰写者对那些世界的感知。而由于卡巴拉学家写下来的是他们的个人感受，所以在许许多多卡巴拉作品中既有相同之处，又有不同之处。他们写的内容有些涉及世界的普遍结构，例如 Sefirot 的名字及世界的称谓；其他的则涉及他们在这些世界中获得的个人体验。

举个例子来说，如果我向一位朋友讲述自己的纽约之行，我可能会谈到时代广场，或者连接曼哈顿与大陆的那座雄伟的大桥。但是我也可能会谈到当自己驾车穿行于高大的布鲁克林大桥时内心的那种震撼，以及站在时代广场中央，被绚丽多彩的灯光、色彩和美妙的声音强烈冲击时的那种感受。前两个例子同后两个例子之间的差异，就在于后两个例子中我讲述着自己的个人感受，而在前两个例子中，我谈论着曼哈顿给每一位游客留下的印象，尽管每个人在游览过程中会有不同的体验。当我们谈论第一个界限时，我们称《光辉之书》只是从物质和物质中的形式的角度来进行探讨。

当我们谈到第一个限制时，我们说过《光辉之书》只从物质和物质的形式角度来讲述。我们提到物质就是接受的愿望，而物质中的形式就是接受愿望的意图：为了自己还是为了他人。简而言之：物质＝接受的愿望；形式＝意图。

我们迫切需要牢记，《光辉之书》不应该被当作一份神秘事件的报告或者一本童话集来对待。《光辉之书》就像其他卡巴拉书籍一样，应该被用作学习的工具。这意味着只有当你也渴望体验书中描述的经历时，它才会对你有所帮助。否则的话，它对你毫无帮助，而且你无法读懂它。

时刻记住这一点：正确理解卡巴拉书籍，取决于你阅读它们的意图，取决于你为何要翻阅它们；理解根本不取决于你的智力。只有当你渴望具备卡巴拉书中讲述的利他的品质时，卡巴拉书中的内容才会对你产生积极影响。

给予的形式本身被称为"Atzilut 的世界"。抽象形式的给予就是创造者的品质；它与万物——其本质是接收者——完全无关。然而，生物（人）可以用给予的形式来包装他们"接受的愿望"，以便它能像给予一样。也就是说，我们可以接受，而在这样做的过程中我们实际上将会变成给予者。

我们无法简单地给予的原因有两个：

第一，为了给予，必须有对象想要接受。然而，除我们（灵魂）之外，可就只有创造者了，但创造者不需要接受任何一切，因为它的本质就是给予。因此，对于我们来说给予不是一个可行的选项。

第二，我们没有去给予的愿望。我们之所以无法给予，是因为我们是由接受的愿望组成的；接受是我们的本性，我们的实质。

第二个原因初看起来似乎比较简单，可它实际上却比较复杂。当卡巴拉学家讲述我们渴望的一切就是接受时，他们指的并不是"我们所做的一切就是接受"，而是"接受的愿望是我们所做的一切事情的内在动机"。他们将其中的道理说得很明白：如果某种举动不能给予我们快乐，我们就不会去做它的。这并不仅仅是我们不想去做，其实我们也不能去做。这是由于创造者（自然）创造我们时只让我们怀有接受的愿望，这是由于它所想的一切就是给予。因此，我们不必去改变我们的行为，我们只需要改变行为背后的内在动机。

感知现实

很多术语被用来描述理解。对卡巴拉学家来说，最深层次的理解被称为"达到理解"。既然他们在研究着精神世界，因此他们的目标是"达到精神理解"。达到理解指的是对感知对象有了如此全面、深刻的理解，以至于没有遗留任何问题。卡巴拉学家称，在人类进化的终点，我们将在一种被称为"形式同等"的状态中能够达到创造者。

为了实现这一目标，卡巴拉学家认真阐释了现实的哪些部分我们应该去研究，而哪些部分我们不应该去研究。为了明确这两点，卡巴拉学家依照了一个非常简单的原则：如果某一部分能帮助我们更快速、更准确地学习，我们就研究它。如果做不到这些，我们就应该对它置之不理。

卡巴拉学家从总体方面，《光辉之书》从具体方面告诫我们，只研究那些我们能非常确定地感知到的部分。无论哪儿涉及猜测臆想，我们就不应该在上面浪费宝贵的时间，因为一旦我们将自己的研究建立在猜测臆想的基础上，那么我们所谓的理解就将备受质疑。

卡巴拉学家还指出，在四个类别的感知——物质、物质的形式、抽象的形式和实质——之中，我们只能肯定地感知前两个类别。出于这种原因，《光辉之书》中所探讨的，都是愿望（物质）以及我们如何运用它们：为了我们自己，还是为了创造者。

卡巴拉学家耶胡达·阿斯拉格写道："如果读者不知道如何慎重地对待这些限制，并且断章取义的话，那么他或她将立刻对所讲的内容感到困惑不解。"如果我们不将我们的研究范围限定在物质和物质的形式之中，就会出现这种困惑不解的情形。

我们必须懂得在精神领域内没有"禁令"这回事。当卡巴拉学家在某件事上宣布"禁令"时，这就意味着这种事情是不可能的。当他们声称我们不应该研究抽象的形式和实质时，它并不意味着如果我们真的去研究它们，我们就会遭到雷击；它意味着我们无法研究那些范畴，即便我们真的想去研究它们。

耶胡达·阿斯拉格用"电"来打比方，帮助解释为什么实质是无法被感知的。他说我们能以很多不同的方式来使用电：用它来加热、制冷、播放音乐和看录像。电可以被"装扮成"很多种形式，但我们能够表达出电自身的实质吗？

让我们用另一个例子来解释这四个类别——物质、物质的形式、抽象的形式和实质。当我们说某个人很强壮，我们实际上指的是这个人的物质（身体），以及给他或她的物质穿上外衣的形式（力量）。

为什么只关注前两个类别是如此重要呢？问题就在于当我们应对精神世界时，我们并不知道自己何时会陷入困惑。因此，我们继续在同一个方向漂流，并且离真理越来越远。

在物质世界中，如果我知道我想要的是什么，那么我就可以看到我能否得到它，或者至少能明白自己是否正沿着得到它的正确轨道前进。但就精神世界而言，却并非如此。在精神世界，当我错了时，我不仅得不到我想要的，而且我甚至会失去目前的精神阶段，光会暗淡下来，而且在得不到向导的帮助的情况下，我将无法重新引导自己回到正确的轨道。这就是为何了解这三个限制并严格遵守它们显得尤为重要的缘由。

如果我们将力量的形式从物质（这个人的身体）中移走，而且单独地检验力量的形式，那么这种形式便没了任何物质的依托，我们就等于是在检验力量的抽象形式。第四个类别，人自身的实质，是完全不可企及的。我们根本就没有那种"能够'研究'实质并将它以可感知的形式描绘出来的"官能。这样一来，没有能"研究"并明确描绘实质的感官。因而我们不仅是目前无法认识的实质，而且是永远也无法认识到的。

一种不存在的现实

既然我们懂得了什么是我们可以研究的，什么是我们不能研究的，那就让我们看一看我们借助自己的官能实际上在研究什么。卡巴拉学家在研究学问时都会打破沙锅问到底。耶胡达·阿斯拉格为了给我们讲述现实，对整个现实进行了深入细致的研究。他在自己的著作中指出，我们并不了解在我们自身之外存在着什么。例如，我们不清楚耳朵之外是什么，不明白是什么让我们的耳膜有所反应。我们所知道的，就是我们对来自外界的刺激所作出的反应。

甚至我们赋予现象的名字，都与现象本身没有关联，而是与我们对那种现象所作出的反应相关。最有可能的是，我们意识不到这个世界上发生的许多事情。它们可以在我们毫无察觉的情况下发生，这是因为我们只同自己能感知的现象联系。由此可见，我们为何无法感知到我们自身之外的任何事物的实质；我们只能研究我们对它作出的反应。

这条感知规则不仅适用于精神世界，它堪称整个自然的规律。以这种方式同现实相联系，会使我们立刻意识到我们所看到的并不是实际上所存在的。这一感悟对取得精神进步至关重要。

当我们观察自己的现实时，我们开始发现一些从未意识到的事物。我们解释在自己的内部发生的事情，仿佛这些事情正在我们自身之外发生。我们并不知道自己所经历的事件的真正起源，但我们感到它们正在我们自身之外发生。然而，我们永远也无法确切地了解这一点。

为了能够正确地联系现实，我们不要认为我们所感知的，就是"真实的"画面。其实，我们感受到的一切，就是所发生的事情（形式）如何影响着我们的感知（我们的物质）。此外，我们所感觉到的，并不是外界的、客观的画面，而是我们对它的反应。我们甚至无法说出我们所感觉到的形式，是否与我们赋予它们的抽象形式相联系；如果相联系，联系的密切程度有多大。换句话说，我们看到了一个红苹果是红的，并不意味着这苹果真的是红的。

实际上，如果你请教物理学家，他们会告诉你说，就一个红苹果而言，你所能做出的唯一真实的声明，就是它不是红的。如果你还记得 Masach（屏幕）是如何工作的，你就会知道为了给予创造者，它只接受它能接受的；其他的一切都会拒绝。

同样，一个物体的颜色，是由照在该物体上并且无法被其吸收的那种光波决定的。我们看不到物体本身的颜色，只能看到被物体拒绝的光。物体的真正颜色，则是它所吸收的光波；可由于它吸收了这种光波，因此这种光波就无法反射到我们的眼睛。这就是为什么红苹果的真正颜色绝对不会是红色，反倒会是其他颜色。

在谈及我们缺乏对实质的感知时，卡巴拉学家耶胡达·阿斯拉格在《对〈光辉之书〉的序言》中写道："众所周知，我们无法感受到的事物，我们也就无法想象它；我们无法意识到的事物，我们也无法想象它……由此可见，思想根本不可能感知实质。"

也就是说，因为我们无法感知到实质，无法感知到任何一种实质，所以我们也无法理解它。对绝大多数研究卡巴拉的学生而言，由于他们对自身知之甚少，因而在初学耶胡达·阿斯拉格的序言时会完全摸不着头脑。以下是耶胡达·阿斯拉格针对这一点的论述："此外，我们甚至连我们自己的实质都不懂得。我感受到并且认识到我在这个世界占据一定的空间，我是一个有体温的能思考的固体，我也感受到其他我的实质运转的表现。然而，如果你问我自己的实质是什么……我都不知道该拿什么来回答你。"

衡量机制

让我们从另一个角度，一个更加机械的角度，来审视我们的感知问题。我们的感官是衡量的工具。能衡量它们所感知到的一切。当我们听到一种声音时，我们确定它是响亮的还是柔和的；当我们看到了一个物体，我们（通常）能够辨别出它的颜色；当我们触摸到某件东西时，我们立刻就知道它是温是凉、是湿是干。

所有衡量工具的运作都是相似的。想象一下将一公斤重的物体挂在一个弹簧秤上。传统的称重机械就是由一根可以拉伸的弹簧和一个刻度尺组成，当弹簧下面的挂钩挂上物体时，弹簧就被拉长到一定的程度并停在那儿，此时我们依照刻度尺上面相对应的刻度，就可测出物体的重量。实际上，我们并没有测量重量，而是衡量弹簧和重量之间的平衡（图6）。

这就是为什么卡巴拉学家耶胡达·阿斯拉格声称，我们无法感知抽象形式、物体本身，因为我们与它毫无联系。如果我们也能将它挂在弹簧上，测量一下它所受的外部影响，那么我们将得到某种结果。然而，如果我们无法衡量它自身之外正在发生的事情，那这就像什么也没有发生一样。此外，如果我们用一个并不准确的弹簧来测量外部的刺激，那么我们将得到错误的结果。当我们上了年纪，而且我们的感觉器官衰老时，就会发生这类事情。

从精神的角度来讲，外部世界将诸如重量等的抽象形式呈现给我们。借用弹簧和刻度盘——"接受的愿望"和"给予的意图"——我们测量出自己所能接受的抽象形式有多少。如果我们能制作一个测量仪表，用它来"测量"创造者，那么我们就能像感觉这个世界一样感觉到它。我们的确有这样一个测量仪表：它被称为"第六感"。

让我们用一个小小的幻想来作为这一部分的开篇：我们置身于一个黑暗的空间，一个完全的空处。我们什么也看不到，什么也听不到，嗅不到任何气味，也品尝不出任何味道，而且在我们周围什么也触摸不到。现在想象你置身于这种状态的时间是如此之长，以至于你忘记了自己曾经拥有能感受到这类事物的官能。最终，你甚至将"存在这类官能"的事实也给忘却了。

突然之间，一股淡淡的香味飘了过来。它变得越来越强烈，弥漫在你的周围，可你却无法准确地找出它的来源。随后，更多的香味飘来，有些浓烈，有的清淡，有的甜美，有的发酸。借助它们，你现在就可以在这个世界找到自己的路。不同的香味源自不同的地方，你在追寻香味之源的过程中就能发现你的道路。

紧接着，在没有任何预兆之下，声音突然从四面八方响起。这些声音各有不同，有些像音乐，有些像讲话，而有些纯粹是噪音。但不管怎样，这些声音在那个空间中又为你提供了一种方位感。

现在，你可以测量距离、方向；你可以猜测你所嗅到的气味及听到的声音的来源。你所处的这个空间已不再是一个空无一物的空间，它成了一个声音和气味的世界。

过了一些时候，当某件东西碰到你，一种新生事物就出现了。你很快便发现自己能够触摸到更多的东西。有些是凉的，有些是暖的，有些是干燥的，有些是潮湿的。有些是硬的，有些是软的；还有一些东西你也说不好它们是什么样的。你发现你可以将自己摸到的有些东西放到嘴里，而且它们味道不一。

到了这个时候，你便生活在一个丰富多彩的世界，它有声音、气味、感觉和味道。你可以触摸你所生活的这个世界的物体，而且可以研究你所处的环境。

这是一个先天失明者的世界。如果你处于他们的境况，你还会觉得自己需要视觉吗？你甚至还能认识到你视觉的欠缺吗？永远也不能，除非此前你曾经拥有它。

对于第六感来说，道理也一样。我们甚至不记得曾拥有它，尽管在亚当灵魂（Adam Ha Rishon）——全人类是其部分——裂变之前我们都曾拥有它。

第六感的运作和我们五种自然感觉器官的运作非常相像，它们之间的唯一差异就在于第六感不是与生俱来的，我们必须发展它。实际上，"第六感"这一称谓有一点儿误导，这是因为我们其实并没有演变出另外一种官能；我们是在演变一种意图。

在建立这种意图时，我们研究与我们利己的本性相对的创造者的形式，给予的形式。我们的本性与第六感背道而驰，这就是为什么第六感并不是天赋的。

为我们能够感受到的每种愿望建立意图，可让我们意识到我们是谁，创造者是谁，以及我们是否想同它一样。只有当我们面前有两个选项时，我们才能作出一个真正的选择。因此，创造者并不强迫我们同它一样利他，而是让我们看明白我们是谁，它是谁，并给我们提供了自由选择的机会。一旦我们作出了自己的选择，我们就成为我们打算成为的那种人：像创造者那样，或与它毫不相像。

既然如此，我们为何将"给予的意图"称为"第六感"呢？这是因为通过具有与创造者一样的意图，我们变成了像创造者那样的人。这意味着我们不仅有相同的意图，而且由于我们已经建立了与它等同的形式，我们看到并感知到在其他情况下我们根本无法看到或感知的事物。我们实际上开始通过它的眼睛看一切。

有志者事竟成

让我们回顾一下在第一章中，我们曾谈到 Kli（工具/容器）及 Or（光）的概念，毫无疑问它们是卡巴拉智慧中最重要的概念。而就 Kli 及 Or 这二者来说，前者对于我们更为重要，即使我们的真正目标是获得后者。

在此让我们举一个例子来说明这一点。在影片《我们到底知道什么？》(《What the Bleep Do We Know!?》)（一部充满了量子论、物质、真正这一类概念的影片）中，坎迪斯·珀尔特（Candice Pert）博士解释说，如果某种形式事先并没有存在于我的头脑中，那么我就不可能在外部世界看到它。她用印第安人的一则故事，来说明了这个道理。她告诉我们说，有一群印第安人站在海岸边，看着哥伦布舰队的到来。她声称人们普遍认为那群印第安人当时尽管眼睛直直地望着远道而来的舰队，可他们却无法看到船。

珀尔特博士解释说，印第安人之所以无法看到船，是因为在他们的头脑中，没有一个事先存在的、类似于船的模型的概念。只有那位萨满教巫师对那些似乎从天而降的怪异的波浪感兴趣，他在努力地想象究竟什么能够在水面制造出波浪之后，才发现了船。当他发现那些船时，就向部落里的人们描述了自己所看到的一切，随后他们也能够看见船了。

从卡巴拉的角度来讲，需要用一个内在的 Kli 来探测外在的对象。实际上，Kelim（Kli 的复数形式）不仅探测到外在的现实，它们还创造了它！由此可见，哥伦布的舰队只存在于那些声称看到了它的那些印第安人的头脑中（内在的 Kelim 中）。

如果一棵树倒在了森林里，而周围没人听到它，树倒的时候仍能发出声响吗？

这句著名的禅宗禅语（一种特殊的谜语），也可以用卡巴拉术语来作如下阐释：如果没有能够探测树倒之声的Kli，我们又怎么能知道它确实发出了声响呢？

同样，我们可以将哥伦布的发现，转变为一个禅语，并且问道："在哥伦布发现美洲之前，它存在吗？"

根本就没有外部世界之类的事物，只有愿望、Kelim。正是它们根据其自身形状，创造了外部世界。在我们自身之外，只有抽象形式一无形的、察觉不到的创造者。我们通过塑造我们自己的感知工具——我们自己的Kelim，从而塑造了我们的世界。

出于这种原因，如果我们祈祷创造者帮助我们脱离苦海，或者将我们周围的世界变得更加美好，那么我们的祈祷将于事无补。这个世界既不好也不坏；它是我们自己的Kelim状态的一种反映。倘若我们改正自己的Kelim，让它变得很美好，那么这个世界也必将变得很美好。Tikun就在我们自身之中，创造者也在我们自身之中。它是改正后的我们自己。

同样，对一只猫头鹰而言，呆在夜晚漆黑的森林里的时间，是能见度最好的时间；可对我们来说，那可是一段伸手不见五指的时间。我们的现实只不过是我们内在的Kelim的投影。我们所说的"真实的世界"，也不过是我们内在的改正或未改正的一种反映。我们正生活在一个想象的世界中。

如果我们想超越这个想象的世界，到达真实的世界，获取真实的感知，那么我们就必须让自己适应真实的模式。一天结束之时，我们所感知的一切，都将依照我们的内部结构，依照我们在自身塑造这些模式的方式。除了抽象的、最高的光，在我们自身之外没有什么可以发现的，也没有什么可以揭示的。这光对我们发挥着作用，它根据我们的准备状况，展示我们自身之内的新的形象。

现在有待我们去做的，就是发现在哪儿能找到得以改正的Kelim。究竟是它们就存在于我们自身之中呢，还是我们必须去创造它们呢？而如果我们必须去创造它们，那么我们该如何着手去做呢？这将是下面几部分要探讨的话题。

创造的念头

Kelim是建造灵魂的砖块。愿望就是建筑材料，即砖块和木材；而意图则是我们的工具：我们的螺丝刀、钻机和锤子。

我们在建造一所房子时，开工之前，我们需要看一下设计图纸。可令人遗憾的是，创造者——这张图纸的设计师——不愿将图纸交给我们。它想让我们独立地去研究并实施我们灵魂的总体规划。只有这样，我们才能懂得它的思想，并变得与它一致。为了了解它是谁，我们必须认真观察它做了什么，并学着通过它的行为来理解它。卡巴拉学家非常简明地将其解释为："通过你的行为，我们了解你。"

我们的愿望，灵魂的原材料，已经存在。它将其给予了我们，我们只要学会如何正确地使用它们，并且给其附加一个正确的意图。随后，我们的灵魂便可得以改正。

然而，正如我们前面讲过的那样，正确的意图，就是利他的意图。换言之，我们需要渴求让自己愿望能够用于造福他人，而非只渴求让我们自己受益。通过这么做，我们实际上也能让自己受益，这是因为我们都是亚当灵魂的组成部分。无论我们喜欢与否，伤害他人注定会让自己得到伤害，这就像掷出去的一个回飞棒总以同样的力度返回到投掷者那儿。

让我们做一个简明扼要的概括。一个改正了的Kli，就是一个以利他的意图来使用的愿望。反过来，一个未改正的Kli，就是一个以自私自利的意图来使用的愿望。本着利他的意图来使用Kli，我们等于是以创造者的方式来实现自己的愿望，因而能变得与创造者一样，或者说至少对这个具体的愿望而言，能变得与创造者一样。就这样，我们来研究它的思想。

既然如此，唯一的问题就是去改变我们运用自己愿望的意图。而要做到这一点，我们必须至少看到另外一种实现愿望的方式。我们需要了解其他意图看起来怎样，或感觉起来怎样。只有这样，我们至少能决定我们是否想要它。当我们看不到运用自己愿望的其他方式时，我们就会陷于当前的所有愿望之中。如果处于那种状态，我们又怎能找到其他的意图呢？这是一个陷阱呢，还是我们正丧失着什么呢？

卡巴拉学家解释说，我们没有丧失任何东西。这是一个陷阱，但还不是一个僵局。如果我们沿着自己的 Reshimot 之路前进，另外一种意图的模式就会自动呈现。现在让我们看一看 Reshimot 是什么，以及它们如何帮助我们摆脱陷阱。

Reshimot——回归未来

大致来讲，Reshimot 是我们过去状态的记录与回忆。一个灵魂沿着其精神之路所体验的每一个 Reshimo，都被收集在一个特殊的"数据库"中。

当我们想攀登精神之梯时，我们的人生轨迹就是由这些 Reshimot 组成的。它们一个接一个地重新呈现，而我们则要再次经历它们。我们越快地重新经历每一个 Reshimo，就越快地耗尽它，并继续体验下一个经常处于更高精神阶段的 Reshimo。

我们无法改变 Reshimot 的顺序，它在我们的人生之路上已被确定。然而，我们却可以而且也应该确定我们要用每一个 Reshimo 来做什么。如果我们消极被动，得过且过，那么我们要完全体验它们得花掉漫长的时间，而且在这个漫长的过程中，它们会给我们带来巨大的痛苦。这就是为什么消极被动的途径被称为"痛苦之路"。

另一方面，我们可以努力联系每一个 Reshimo，并将它视为一个新的学习机会，设法弄明白创造者试图教给我们什么，并通过这样去做走上一条积极进取的道路。如果我们能够简单地记住这个世界就是精神事件产生的结果，那么这足以极大地加快我们重新经历 Reshimot 的进程。这种积极的途径被称为"光之路"，因为我们的不懈努力让我们与创造者、光保持联系，而不像消极的途径只能让我们考虑到现状。

实际上，我们的努力并不一定非要取得成功，努力本身就已经够了。通过增强我们那种变得与创造者一样——即作为利他的主义者的愿望，我们就能将自己置于更高的精神状态。

精神进步的过程与孩子学习的方式颇为相像；它基本上是一个模仿的过程。通过模仿成年人，即使孩子们并不知道自己正在做什么，但他们不停地模仿则能在他们自身内产生学习的愿望。

请注意，促进孩子们成长的，并不是他们掌握的知识，而是他们的求知欲。要知道，求知欲足以唤起他们自身内的下一个 Reshimo——他们已经了解但需要再次体验的 Reshimo。

让我们从另外一个角度来审视它：最初，孩子有了渴求知识的愿望，但这并非出于他们自己的选择，而是由于目前的 Reshimo 已消耗殆尽，这使得序列中的下一个 Reshimo"想要"让它自身被人了解。于是，为了让孩子发现它，这个 Reshimo 不得不在孩子心中唤起一种想了解它的愿望。

这正是精神世界的 Reshimot 在我们身上起作用的方式。我们实际上并没有学习这个世界上或精神世界上任何新的东西，我们只是在回归未来。

如果我们想要像创造者那样更多地给予，我们就应该不断地检验自己，看一看我们是否符合自己想象的精神（利他）的理想。借助这种方式，我们想变得更加无私的愿望，必将帮助我们以创造者为榜样，努力培养一种更加具体、详尽的自我感知。

倘若我们不想作为自私自利的人，我们的愿望将被唤醒一种能向我们揭示出更加无私意味着什么的 Reshimot。每当我们决定不想再自私地利用这种或那种愿望时，那种状态的 Reshimo 就被视为完成了自身的使命，并且将接力棒交给下一个 Reshimo。这是我们被要求去做的唯一改正。卡巴拉学家耶胡达·阿斯拉格用下面这句话阐释了这一原则："……最诚心诚意地去憎恶邪恶（自己主义），已经意味着改正它。"

随后，他接着解释说："……如果两个人终于意识到他们都恨其友所恨，爱其友所爱，那么他们就会建立永不止息的联系，就像永不枯萎的常青树那样。因此，既然创造者爱给予，在其下面的人类也应该习惯于只想给予。创造者还憎恨作为接受者，因为它完美无缺，不需要任何一切。这样一来，人类也必须憎恨只为一己私利而接受的做法。恨为自己而接受。依照前面所讲，一个人必须要对接受的愿望深恶痛绝，因为世上一切祸害皆源于此。人通过憎恨来改正接受的愿望。"

因此，我们只是因为渴望，就能唤醒更加利他的愿望的Reshimot，这些Reshimot，就从我们都连接在共同的亚当灵魂的时候起就存在于我们内部。这些Reshimot改正着我们，并使我们更像创造者。因此，正如我们第一章所讲，愿望（Kli）既是变化的动力，又是改正的手段。我们不必压抑自己的愿望，只用学会如何富有成效地用它来为我们自己和其他每一个人造福。

?其　?其　?其　?其　?其

为了获得正确的感知，我们需要依照以下三个限制来约束自己：

第一，共有四类感知：1. 物质；2. 物质的形式；3. 抽象形式；4. 实质。我们只能感知前两类。

第二，我的所有感知都发生在我的灵魂之中。我的灵魂就是我的世界，而在我之外的世界是如此抽象，以至于我甚至无法肯定地说出它存在与否。

第三，我所感知到的，属于我一个人的；我无法将其传达给其他任何人。我可以将我的体验告诉别人，但倘若他们要体验它，他们必将用他们自己的方式去体验它。

当我感知某种事物时，我会依照自己内心所拥有的测量工具的质量去测量它，并确定它是什么。如果我的这种测量工具存在缺陷，那么我的测量结果也将存在缺陷；这样一来，我所描绘的这个世界将是扭曲的、不完整的。

目前，我们正在用自己的五种官能测量世界。然而，为了能够正确地测量它，我们需要借助自己的第六感。这就是我们目前还无法为全人类富有成效且充满快乐地管理我们的世界的原因所在。

实际上，第六感并不是一种生理的官能，而是一种意图。它涉及我们如何利用自己的愿望。如果我们本着给予而非接受的意图去利用它们，也就是说，如果我们无私地而非自私地利用它们，那么我们将感知到一个全新的世界。这就是这种新的意图被称为"第六感"的原因所在。

将无私的意图置于我们的愿望之上，便可让这些愿望相似于创造者的愿望。这种类似被称为与创造者"形式等同"。一旦我们获得了它，便可获得与创造者同样的感知与知识。这就是为什么只有借助第六感（给予的意图），我们才有可能真正了解如何为人处世的。

当一个新的愿望随之而来时，它其实并不是新的。它是已经存在于我们内部的愿望，有关它的记忆已经被记录在我们灵魂的数据库——Reshimot之中。Reshimot是由一个个Reshimo组成的链条，它直通精神之梯的顶端——创造的念头，而且我们沿着精神之梯越快地攀登，就能越迅速、越快乐地完成自己的人生使命。

Reshimot依照我们借助攀登精神之梯的愿望而确定下来的速度，一个接一个地呈现。倘若我们努力学习并深入理解每一个Reshimo，它自身会消耗得更快，而且理解它的那种状况（先前早已存在）便会得以显现。当我们理解了一个Reshimo时，下一个Reshimo便会按顺序出现，直到最终我们学习并理解了所有的Reshimot，我们自身的改正过程便顺利完成。

第六章

通向自由狭窄的道路

到现在为止，你已经了解了相当多的卡巴拉知识。这句话可能会让你有些惊讶。往前翻阅本书，让我们作一个简要的回顾。你知道，卡巴拉始于大约5000年前的一个古老的国度美索不达米亚（置于今天的伊拉克）。当一些人开始寻找他们的人生目的时，卡巴拉就被发现了。那些人发现，我们之所以来到世间，是因为我们要获取从变得与创造者相同那儿所带来的终极快乐。当他们有了这一重要的发现后，就开始成立学习小组，将卡巴拉科学传播到世界各地。

第一批卡巴拉学家告诉我们说，我们都是由接受快乐的意愿所组成，这种意愿可以被划分为五个层次——静止的、植物的、动物的、说话的、精神的层次。接受的意愿之所以非常重要，是因为它是我们在这个世界上所做的一切事情的内在动力。换句话说，我们总在想方设法得到快乐，而且我们拥有的快乐越多，想要的也就越多。这样一来，我们总是在发展着、变化着。

随后，我们懂得，创造物在一个有着四个发展阶段的过程中形成。而正是在那儿，根源（光和创造者的同义词）制造了"接受的意愿"；"接受的意愿"想要给予，于是决定将接受作为一种给予的方式，而且最终想要再次接受，但此时它想要获取的，则是关于"如何成为创造者，成为给予者"的知识。

经历了这四个阶段之后，"接受的意愿"被划分为五个世界和一个被称为亚当的灵魂（Adam Ha Rishon，即"第一个人"）。亚当的灵魂发生了分裂，并在我们这个世界经历了物质化的进程了。也就是说，我们所有人实际上都是一个灵魂，彼此密切联系，相互依赖，就像体内的众多细胞一样。然而，随着"接受的意愿"的增强，我们变得更加以自我为中心，不再认为我们大家都相同。相反，今天我们只感觉到了自我，即使我们的确与他人相互联系，我们这样做也是为了通过他们来得到快乐。

自私的状况被称为"Adam Ha Rishon破碎的灵魂"，作为它的一部分，改正它是我们的责任。实际上，我们不需要改正它，但我们必定会意识到，我们在目前的状况之中无法感受到真正的快乐，这是由于"接受的意愿"的法则在起作用："当我拥有了我想要的东西时，我就不再想它了。"倘若我们意识到了这一点，我们就将开始寻求一条摆脱这种利己陷阱的途径。

从利己心之中寻找自由引发了"心里之点"——对精神境界的渴求——的出现。"心里之点"像其他任何愿望一样，在环境的影响下增强或削弱。因此，如果我们想增强对精神境界的渴求，那么我们就需要营造一种有利于精神进步的环境。本书的这最后一章（也是最重要的一章）将探讨"为了在个人层次、社会层次及国际层次上营造一种精神支撑的环境，我们都需要做些什么"。

黎明前的黑暗

夜间最黑暗的时刻，就是黎明前的时刻。同样，几乎是在2000年前，《光辉之书》的作者写道，在人类精神醒悟之前，人类最黑暗的时刻必定来临。自Ari（《生命之树》的作者，生活在16世纪）的那个时代开始，数世纪以来，卡巴拉学家一直在作品中声称，《光辉之书》所指的那个时刻就是20世纪末。他们称其为"最后的一代"。

他们并不是在说我们会在某一个预示着世界末日的可怕事件中全部消失。在卡巴拉科学中，"一代"指的是一种精神状态。"最后的一代"就是可以达到的最后的、最高的精神状态。而且卡巴拉学家称，我们所生活的这个时代——21世纪初——正是可以看到得以精神上升的时代。

但这些卡巴拉学家还声称，由于即将发生这种变化，我们就不能再继续走我们在进化过程中一直走的那条老路。他们指出，时至今日，如果我们想不断成长，那么就需要做出一个有意识的、自由的选择。

万事开头难。"最后的一代"的兴起，自由选择的产生，并不是一个轻松的过程。直到近来，我们还一直在忽略精神层次，仍在较低的愿望层次——说话的层次上——进化着。然而，如今精神的Reshimot（也可以将其称为精神的基因）已在数百万人的身上显露出来，甚至要求在现实生活中被实现。

当这些Reshimot刚刚出现于我们自身时，我们依然缺乏和它打交道的适当方法。它们就像一项有待于我们学习和掌握的新技术。因此，我们在学习期间试图用我们旧的思维方式去认识这种全新的Reshimot，这是因为那些旧的方式已帮助我们认识了我们更低阶段的Reshimot。然而，那些老套的方法不足以应对新的Reshimot，因此未能完成它们的任务，致使我们生活在空虚与沮丧之中。

当这些Reshimot浮现于某一个人的身上时，他或她会开始遭受挫折，随后会感到沮丧，直到他或她学会如何同这些新的愿望打交道。借助卡巴拉的智慧，我们经常能够渡过最初的难关，这是因为就像我们在第一章中所讲述的那样，卡巴拉当初就是为应对精神的Reshimot而被创立的。

然而，如果一个人找不到这种正确的解决途径，那么他或她就可能会为回避问题而醉心于工作，也可能会病急乱投医，用其他不恰当的方式来压制新的愿望引发的事端，想方设法回避这种无法治愈的疼痛。

从个人的层次上来讲，这样一种状态令人非常痛心，但它还不至于引发可能动摇社会基础的严重问题。然而，当精神的Reshimot在大致相同的时间里出现在几百万人的身上，尤其是如果它带来的问题同时发生在许多国家，那么一场全球危机便会处于一种一触即发的状态。而这种全球危险呼唤一种全球性解决方案的出现。

显然，人类今天正处在一场全球危机之中。在美国，抑郁症以前所未有的速度不断蔓延，而其他发达国家的状况也好不到哪里。2001年，据世界卫生组织（WHO）报告称："抑郁是美国及世界各地人群中出现残疾的主要原因。"

现代社会的另外一个主要的问题就是到处泛滥的吸毒现象。那些毒品以前并非没有人用过，但过去它们主要是被用于制药行业，有的则被用于宗教仪式上。然而，到了今天，许多年纪轻轻的人都开始滥用毒品。由于社会上感到空虚的年轻人越来越多，而为了缓解空虚，他们就开始吸食毒品。而且因为抑郁症愈加严重，所以吸毒现象及与毒品相关的犯罪行为也在不断滋长。

危机的另外一个方面就是家庭危机。家庭过去时常被视为稳定、温暖且能为人们遮风挡雨的地方，可现在却不是了。根据国家健康统计中心（美国）的统计数字，每两对已结婚的夫妇中，就会有一对离婚，这个数字也大致适合于整个西方世界。

除此之外，过去夫妇两人要经历一次重大危机或出现长期的性格不和时，双方才会决定离婚，可现在的情况已经不同了。时至今日，即使是50或60多岁的老夫妻，一旦孩子们长大成人后离开家庭，他们之中的许多人便无法找到继续在一起过日子的理由了。由于他们的收入有了保障，他们并不担心到了这把年纪还要离婚，开始自己新的家庭生活。而早在几年前，这种举动还无法接受。我们甚至给它起了一个很合适的名字："空巢综合征"。可底线却是一旦孩子们离开家庭，老人们就决定离婚。由此可见，这些老人们之间缺乏相互关爱，一旦自己的孩子独立生活了，家中也就没有什么能够维系他们婚姻的了。

而这是真正的空虚：爱的欠缺。如果我们都能够牢记，一种渴望给予的力量创造了我们，那么我们可能会有一个需经努力奋斗才能获得成功的机会。记住了这一点，我们至少会知道从哪里开始寻求解决途径。

这场危机不仅具有普遍性，也有多面性，而这让人类更加难以应对。危机几乎发生在人类涉及的每一个领域：个人领域、社会领域、国际领域、科学领域、医药领域及气候领域。例如，仅仅在几年前，全球气候还不存在任何大的问题，无论谁去写有关气候的文章，都不会用"危机"之类的字眼。然而到了今天，我们却都需要了解气候的常识，对全球气候有了一种危机感。今天的热门话题是气候变化、全球变暖、海平面上升及新的飓风季节来临。

杰弗里·林（Geoffrey Lean）曾于2005年11月20日在网上发表了一篇名为《独到见解》的文章，在这篇文章中林将地球的状况戏称为"冰雪大融化"。林的这篇文章的标题是："冰雪大融化：如果格陵兰岛的冰盖融化，全球的灾难将接踵而至"，副标题为："现在科学家声称它正在以出乎他们意料的速度消失。"

而气候并不是蛰伏于地球之上的唯一灾难。2006年6月22日出版的《自然》杂志刊登了加利福尼大学的一份研究报告。该报告称，圣安德烈亚斯（加州城市）的地质断层现在正酝酿着一场"大地震"。加利福尼大学的斯克利普斯海洋学研究机构的尤里·菲尔科称（Yuri Fialko）："断层潜藏着巨大的地震危险，它很可能引发另外一场大地震。"

当然，即使我们侥幸地躲过暴雨、地震、不断上涨的海水等危险，却总有一些恐怖分子在提醒我们，我们的生命可能要比原想的短暂得多。

还有健康方面的问题，也需要引起我们的极大关注：艾滋病、禽流感、疯牛病；当然还有一些痼疾：癌症、心血管病、糖尿病。我们可以在此罗列的还有很多，而到现在为止，你可能已经明白了要点。即使其中的一些健康问题不是新出现的问题，但我之所以在这儿提及它们，是因为它们正在全球快速地蔓延。

中国古代一句俗话称："宁为太平狗，不做乱世人"。我们这个时代的确很混乱，但我们还不一定"宁为太平狗"。我们生活的时代就是《光辉之书》中所描写的黎明前的黑暗。现在，让我们看一看是否有一条解决的途径。

借助四个步骤营造一个新的世界

改变世界只需要完成以下四个步骤：
1. 承认危机；
2. 发现为何危机会存在；
3. 确定最佳解的决方案；
4. 制订一个化解危机的计划。

让我们来逐一地检验它们。

承认危机

我们中间之所以还有不少人至今仍未意识到有一场危机，原因有几个。政府与跨国公司在应对危机方面本该身先士卒，可相互冲突的利益却妨碍他们之间的积极协作和有效地应对危机。此外，我们绝大多数人依然没有感觉到严峻的问题正在以各种个人的方式威胁着我们，因而在问题变得更加严峻之前，我们抑制着及早应对它的迫切需求。

目前存在的最大问题则是我们忘记了过去，将昔日这类危险的状态抛于脑后。出于这种原因，我们无法正确评判我们的形势。这并不是说大灾大难在以前从未发生过，而是说今天我们的各条战线同时出现危险，在人类生活的每一个方面，在世界各地都呈现出危机四伏的态势。从这种意义上来讲，我们这个时代可谓很独特。

发现为何危机会存在

当两种元素发生碰撞，而且能量超强的元素将驱使能量稍弱的元素时，危机就产生了。我们发现人类的本性——自私自利——与自然或利他主义背道而驰。这就是为什么有那么多人感到忧伤、失意、沮丧和缺乏安全感。

简而言之，危机实际上并没有发生在外界。即便它看起来确实占据了物质空间，可它却发生在我们自身之内。这场危机是善良(利他主义)同邪恶（利己主义）之间展开的生死搏斗。在真正的现实之中，我们不得不去扮演坏人的角色，这该多么令人难过啊！然而，我们不要失去希望，就像在所有剧目中，一个幸福的结局在等待着我们。

确定最佳的解决方案

我们越多地认识到这场危机——即我们的利己主义——的潜在原因，我们将越多地了解我们自身及我们的社会需要做出哪些变革。这样一来，我们将能够缓解危机，给社会和生态带来一个积极的、建设性的结局。我们在探讨选择的自由这一观念时，将更深入地论述这种变革。

制订一个化解危机的计划

一旦我们完成了前三个步骤，我们便可制定出更加详尽的计划。然而，如果离开了国际知名机构的积极支持，再好的计划也无法获得成功。因此，这个计划必须建立在广泛国际支持的基础之上。这些国际的支持主要来自于世界各地的科学家、思想家、政治家，以及联合国，以及有巨大影响力的媒体和社会机构。

其实，由于我们从愿望的一个层次提升到另外一个层次，因此现在所发生的一切事情，对于精神层次的愿望而言都算是第一次发生。而如果我们牢记自己就在这个层次上，就能够将那些已达到精神世界的人所获得的知识为我们自己所用，就像我们在利用目前掌握的科学知识一样。

已经步入精神世界——即我们物质世界之根——的卡巴拉学家能够看到造成这种状况的Reshimot（精神之根），而且能够指导我们从精神世界的根源解决我们面临的问题。依靠这条途径，我们便可轻松、快捷地化解危机，这是因为我们将认识到为什么会发生那些事情，以及我们需要做些什么来应对它们。不妨用这种方式去考虑它：如果你知道真有人能预测明天彩票的开奖结果，那么你在押注时难道不希望将他们争取到你这一边，来为你出谋划策吗？

这儿没有什么魔法可言，有的只是精神世界游戏规则的知识。在卡巴拉学家看来，我们并没有身处一场毁灭性的危机之中，我们只不过有些迷失方向，因而在押注时一直押错了号。倘若我们找到了正确的方向，解决（并不存在的）严峻危机将易如反掌。就像在买彩票中奖那样。卡巴拉知识之美就在于它没有版权，它属于每一个人。

认清自己的局限

一段古老的祈祷

天啊！赐予我力量去改变我所能改变的，赐予我勇气接受我不能改变的，也赐予我智慧来对两者进行辨别。

在我们自己的眼里，我们是独特的、能独立行为的个体。这是所有人的一个普遍特征。想一想，人类经历了数个世纪的战乱，只为获得我们今天所拥有的有限的自由。

然而，当我们的自由被剥夺时，我们并不是唯一的受害者。世上没有不靠斗争便可将对手束手就擒的生物。反对任何形式的征服，是生物的一种天性。然而，即使我们懂得所有的生物都应该自由自在，也不敢保证我们能懂得自由自在意味着什么，或者懂得它是如何与人类私心改正的过程相联系的。

如果我们就自由的意义扪心自问，我们可能会发现，当我们问完自己这个问题时，我们目前的有关它的想法很少能站得住脚。因此，在我们能够谈论自由之前，我们必须知道做个自由之人真正意味着什么。

为了弄明白我们是否理解自由，我们必须审视自我，看一看我们是否能够自愿地做出哪怕一项自由的举动。因为我们接受的意愿在不断地增强，我们总被驱使着去找到更好的、回报更丰厚的生活方式。然而，由于我们身陷一场无休止的残酷的竞争中，我们在这件事上别无选择。

另一方面，如果我们接受的意愿是所有这些麻烦的祸根，或许有一种控制它的方法。如果我们能够这么做，或许我们能够控制住整个激烈的竞争。否则，在缺乏这种控制的情况下，甚至在这场游戏还没有开始之前，我们看起来就要输了。

但如果我们成了输家，那么谁会是赢家呢？我们在同谁或什么进行竞争？我们打理着自己的事务，仿佛各项事务都取决于我们的决定。但果真如此吗？放弃努力改变我们的人生的那种做法，只是随波逐流地生活着，难道不是更好一些吗？

一方面，我们刚刚讲过自然反对任何形式的征服。可另一方面，倘若我们的行为中有任何一种是自由的行为，自然却并没有告诉我们到底哪一种行为是自由的行为，我们是在何处受到一个无形的傀儡主人的诱骗，天真地认为我们是自由的。

此外，倘若自然按照一个总体的规划运作，这些严峻的问题和不确定的因素，有可能是整个规划中的一部分吗？或许有一个令我们感到迷失和困惑的隐秘不明的原因。也许借助困惑与幻灭，傀儡主人告诉我们："嘿！再看一看你打算去哪儿，如果你在寻找着我，那就走错了方向。"

有些人会否认我们确实迷失了方向。然而，为了确定正确的前进方向，我们必须知道从哪儿开始寻找方向。这可以让我们避免数年的徒劳。我们想发现的第一件事情，就是我们在哪儿能够拥有独立自主地选择，而在哪儿不能。一旦我们认识到这一点，就将知道哪儿是我们努力的重点。

生命的支配权

整个自然只遵循一条法则："满足与痛苦的法则"。如果创造物的唯一实质就是接受快乐的意愿，那么唯一需要的行为规则就是：吸纳快乐，拒绝痛苦。

这个规则同样适用于我们人类。我们遵从一种预先做好的安排——它完全掌控着我们的一举一动：我们想少劳多得。如果可能的话，我们甚至想不劳而获！因此，我样在做每件事情的过程中，总是想方设法选择满足和逃避痛苦，即便我们并没有意识到这一点。

甚至在我们看似做出自我牺牲的时候，我们实际上从这种"牺牲"之中得到的快乐，也要多于从当时我们所能想到的其他做法中可能会得到的快乐。我们之所以自欺欺人地认为我们怀着利他的动机，是因为欺骗自己要比将真相告诉自己更快乐。阿格尼斯•瑞普勒（Agnes

Repplier）曾经指出："没有哪种赤裸的事情，能比赤裸的真理更令人不快。"

我们在第三章曾经谈过阶段二给予，即便它实际上和阶段一是一样的，也受接受的意愿的驱使。这是我们每一种相互"给予"的"利他"行为的根源。

我们依照"计算出来的收益率"来看待自己所做的一切。举个例子，通过比较得到某件有用的东西的预期收益，我计算出了这件东西的价值。如果我认为从得到这件东西中获得的快乐或者少遭受的痛苦，要比我必须付出的代价更大的话，我就会告诉我"内心的经纪人"说："买进！买进！买进！"并为我头脑中的华尔街交易板块大开绿灯。

我们能够改变自己所优先考虑的，接受好与坏的不同价值，甚至将我们自己"培训"成无所畏惧的人。此外，我们也可以让一个目标在我们眼中变得如此重要，以至于在实现它的征途中我们碰到的任何艰难困苦都会变得毫无意义、不值一提。

比如，我渴望得到做一位名医所能带来的社会地位和丰厚的收入，我将在医学院数年如一日地刻苦钻研、勤奋努力，然后兢兢业业、不知疲倦地度过几年的实习医师期，希望它最终能够在名利方面回报自己。

有些时候，我们将"眼前的辛劳到底能换取多少未来的收获"这个小算盘打得如此自然，以至于我们甚至没有意识到自己在不停地打着个人的小算盘。比如，如果我身患重病，而且发现只有做一种外科手术才能挽救自己的生命，那么就会很高兴地接受手术。因为即便手术本身可能会让我感到非常难受，而且它还存在一定的风险，然而它却没有疾病对我的威胁大。遇到特殊的情况时，我甚至愿意支付一笔相当可观的费用，以便使自己渡过难关。

从改变社会到改变自己

自然不只"判决"我们不住地逃避痛苦，不停地追求满足，它也拒绝赋予我们能够确定自己想要哪种快乐的能力。也就是说，我们无法控制我们的愿望，而且愿望在既没有征求我们意见也没有事先告知的情况下，就会闪现在我们的脑海中。

然而，自然不但制造了我们的愿望，而且还为我们提供了克制愿望的办法。如果我们还记得我们都是亚当灵魂的组成部分，那么我们就很容易明白克制自己愿望的方式，就是努力去影响整个灵魂，也就是全人类，或者至少努力地去影响人类的一部分。

让我们这样来看待它：如果一个单一的细胞想向左走，而全身的其他所有细胞都想向右走，那么这个细胞就不得不向右走。这也就是说，除非这个细胞说服全身，或说服绝大多数细胞，或身体的"政府"，让它们相信向左走更好；否则的话，这个细胞只能服从。

这样一来，即使我们无法控制自己的愿望，社会却能控制它们，而且也的确在控制着它们。而由于我们自己能主动对社会做出选择，所以能够选择我们觉得将会对自己产生最好影响的那种社会。简而言之，我们可以用社会影响来控制我们的愿望。而通过控制自己的愿望，我们将能控制自己的思想及最终行为。

大约在2000年前，《光辉之书》已经论述了社会的重要性。从20世纪起，我们为了生存而相互依赖的情形愈加明显，有效利用我们的社会依赖性对精神进步也至关重要。卡巴拉学家耶胡达·阿斯拉格在他的许多著作中，都传递了"社会的极其重要性"这一信息。如果我们能够把握他的思想脉络，我们就将明白其中的原因。

阿斯拉格声称无论我们承认与否，每个人最伟大的愿望，就是得到别人的青睐，赢得他们的认可。它不但给我们一种自信感，而且认可了我们最宝贵的东西——我们的利己心。得不到社会的认可，我们便会感到社会忽略了我们的存在，而这种情形是利己主义所无法容忍的。这就是为什么人们为了引起别人的关注，常常会走极端的原因所在。

而由于我们最伟大的愿望是赢得社会的认可，因此我们被迫适应（而且接受）我们所处环境的法则。这些法则不仅决定着我们的行为，而且还规划了我们思考及应对每件事情的态度和方法。

这种境况让我们去选择任何事情——从我们的生活方式到我们的兴趣，从我们如何打发自己的自由时间，甚至到我们吃的食品和穿的衣服。此外，即使我们在穿衣打扮方面作出反潮流的选择，或者作出对时尚毫不理会的选择，我们依然是在（企图）对我们选择忽略的某种社会礼仪漠然置之。换句话说，如果我们选择去忽略的那种时尚原本不存在，我们也根本不必去忽略它，我们可能会选择一种不同的着装规范。最终我们发现，改变自我的唯一方式，就是改变我们所处的环境社会的准则。

四大要素

然而，如果我们只是所处环境的产物，而且如果我们在做什么、思考什么及渴望什么方面没有真正的自由，那么我们能对自己的行为负责吗？而如果我们不对自己的行为负责，谁会对其负责呢？

为了回答这些问题，首先我们必须懂得构成我们的四大要素，以及我们如何利用它们来获得选择的自由。根据卡巴拉所言，我们由四大要素控制：

1. 基础，也被称为"最初物质"；
2. 基础不变的特性；
3. 通过外部力量得以改变的基础特性；
4. 外部环境中的变化。

让我们看一看这四大要素中的每一个要素对我们来说意味着什么。

基　础

我们不变的本质被称为"基础"。我可能会幸福、伤心、沉思、愤怒，我可能会独处，也可能会与人相处。无论心情怎样，无论生活在什么社会，根本的我永不改变。

为了理解这四个阶段的概念，让我们思考一下植物的枯荣。我们不妨想象一株小麦。当作为种子被播下的一粒麦子发芽时，它完全失去了它的形状。但即使它原来的形状全然不见，从那粒种子里萌发出来的也只能是一棵新的小麦苗，而不会是其他任何东西。这是因为基础并没有变化；种子的本质依然是麦子。

基础不变的特性

就像这种基础是不变的，就像麦子总会生出新的小麦，小麦种子的生长方式也是不变的，一棵麦苗在这个新的生命圈中可能会生出更多棵麦苗，这些新麦苗的数量与质量可能会发生变化，但基础本身，也就是以前那粒麦子的实质将保持不变。简而言之，其他的植物无法从一粒麦种里面长出来，而一粒麦种里面只会长出麦苗，而且所有的麦苗从它们发芽的那一刻到它们枯萎的那一刻，都将经历一个同样的成长过程。

同样的道理，人类的子子孙孙都要经历一个从幼小到成熟的同样的成长过程。这就是为什么我们（或多或少）知道孩子何时应该开始学习某种技能，他何时可以开始吃某种食物，离开了这种固定的模式，我们便无法描绘出人类的婴儿或其他任何事物的成长曲线。

通过外部力量得以改变的基础特性

即使种子依然是同一类种子，然而在诸如阳光、土壤、肥料、湿度及雨水之类的环境的影响作用下，它的外形则可能变化。在这种情形下，尽管这类植物依然是麦子，但它的"包层"，及小麦本质的特性，能够通过外部因素而被改变。

同样，即使我们自己（基础）保持不变，然而我们在和他人相处时，或者在不同的境况中，我们的心情都会发生变化。有些时候，倘若环境的影响非常持久，它不但能改变我们的心情，甚至能改变性格。然而并不是环境制造出我们身上的这些新的特点，而是和某类人相处会激发我们本性的某些方面，促使它们变得比以前更为活跃。

外部环境中的变化

影响种子生长的那种环境本身，也要受诸如气候变化、空气质量、附近的植物之类的外部因素的影响。这就是为什么我们要在暖房中种植植物，并且人工施肥土壤。我们在努力去为植物的成长创造最好的环境。

在我们人类社会中，我们不断地改变着我们的环境：我们给每种新产品做广告，选举政府成员，上各类学校，和朋友共度快乐时光。由此可见，为了左右我们自己的成长，我们应该学会选同哪类人交往，而最为重要的是，我们应该确定谁是我们应该尊重的人。就是他们能给我们带来最积极的影响。

如果我们希望得到改正，既变得利他，那么我们就需要知道什么样的社会变化能促成这种改正，从而顺应这些社会变化。靠着这最后一个要素——外部环境中的变化，我们塑造着我们的实质，改变着我们基础的特性，从而注定了我们的命运。正是在这里，我们拥有了选择的自由。

选择有助于改正的适当环境

虽然我们不能决定自己本质的特性，但仍然能够通过选择自己的社会环境来影响我们的生活和命运。也就是说，因为环境影响基础的特性，所以我们可以通过一种有助于实现我们目标的方式来营造良好的环境，进而决定我们的未来。

一旦我选择了自己的前进方向，并且营造出一种促进我朝着那个方向前进的环境，那么我便可以把社会当作加速我进步的一个助推器。比如，如果我想赚钱，那么我可以让许多想赚钱的人走进我的生活，可以开始谈论钱并为赚钱而努力。这将激励我也去努力赚钱，并将我的头脑变成一个满是赚钱项目的工厂。

这里再举另外一个例子。如果我超重了，并且想改变这一点，最便捷的办法就是多和那些想着、谈论着并相互鼓励着去减肥的人们交往。实际上，我能做的远不止是借助同这些人的交往去创造一种良好的环境；我可以靠读书、看电影及阅读杂志上的文章，来强化那种环境的影响，任何能够增强我的减肥愿望的方式都能奏效。

一切皆在环境中。匿名戒酒互助社、戒毒机构、想减肥的胖子协会，这些都可以被当成帮助人们的社会力量。

倘若我们能够正确地利用我们的环境，那就能够实现做梦都不敢想的伟大目标。而最好的是，我们觉得自己似乎没费什么劲就实现了目标。

长着同样羽毛的鸟儿

在第一章中，我们探讨了"形式等同"的原理，同样的原理在这儿也适用，只不过是在一个物质层次上。比较相像的人们呆在一块儿的时候感觉很舒心，这是因为他们有同样的愿望和同样的思想。我们都知道长着同样的羽毛的鸟儿喜欢聚集在一块儿。而我们可以把这个过程逆转过来。借助选择我们的群体，我们便可以确定自己最终会变成哪种鸟。

追求精神境界的愿望也不例外。如果我想达到精神世界，而且想增强自己对更高的精神世界的渴求，那么我只需要结交合适的朋友，选择合适的书籍和影片。剩下的就由人的天性来做了。如果一群人决定要像创造者那样，那么没有什么能够阻挡他们前进的，甚至创造者也无法阻止他们。卡巴拉学家将这种情况被称为"我的儿子们击败了我"。

既然如此，为何我们没有看到千千万万的人们争先恐后地奔向精神领域的情形呢？这儿有一个关键点：只有当你达到更高的精神世界时，你才能够感觉到它们。可问题就是在没有看到或感觉到目标的前提下，我们很难真正去渴望它，而且我们已经知道如果对任何事物缺乏强烈的愿望，那就很难获得它。

接下来不妨用这种方式来考虑它：我们在这个世界上所渴望的一切，都是某种外部影响作用于我们的结果。倘若我们喜欢比萨饼，那是因为我的亲朋好友、我的父母、电视、某件事或某个人向我讲述了它是多么美味。倘若我想成为一名律师，那是因为社会给我一种做律师能够得到丰厚回报的印象。

然而，在我们的社会中，我从哪儿能发现某件事情或某个人可以告诉我变得像创造者那样是一件很伟大的事情呢？此外，倘若社会上并不存在这样的愿望，它如何能在突然之间在我内部出现呢？难道它从天而降？

不，它并非从天而降；它源于 Reshimot。这是一种未来的记忆。让我解释一下。翻回第四章，我们曾说过 Reshimot 是记录，当我们登上精神阶梯更高的阶段时，这些记录被作为记忆刻在我们的内部。这些 Reshimot 聚集在我们的潜意识中，并且一个接一个地浮现，每一种 Reshimo 都会激发起关于昔日状况的新的或更强烈的愿望。此外，因为我们所有人都处在精神阶梯的更高阶段，所以我们都会感到对返回到那些精神状态（当体验它们的时刻已经到来）的渴求——即愿望的精神层次。这就是为什么 Reshimot 是我们自己未来状况的记忆。

鉴于此，问题不应该是："我怎么会对环境并没有推介我的某种东西产生渴望呢？"我们反倒应该问："一旦我产生了这种愿望，我如何能够去充分利用它呢？"而答案非常简单：就像对待你想成就的其他任何事情那样去对待它：思考它，谈论它，阅读它，歌唱它。尽你所能来让它变得重要，这样一来你的进步也会加速。

在《光辉之书》中，有一则令人感动的真实故事。这则故事的主人公是伟大的卡巴拉学家哟西·本·基斯马（Yosi Ben Kisma）。有一天，另外一个镇子的一位富商来找这位德高望重的哟西老师，许诺帮助他搬迁到自己的镇子上，并在那儿开一所神学院，让镇上渴求知识、智慧的人们有一个学习的场所。富商解释说，他之所以远道而来邀请哟西老师，是因为自己的镇上没有一位智者，而且镇子也急需精神导师。毋庸赘言，这位富商向哟西老师承诺说，镇上的人们会慷慨地满足他的个人需求及教学需求。

可让这位富商大为吃惊的是，哟西老师明确地谢绝了他的盛情邀请，并告诉富商说，无论如何他也不会搬迁到一个没有其他智者生活的地方。感到不安的富商极力争辩说，他是这一代人中最伟大的智者，他不必向其他任何人学习。

"除此之外，"富商说，"既然你们这儿已经有不少智者，而我们镇上甚至一位智者都没有，那么你搬迁到我们镇子上，教育我们的民众，无疑是在提供宝贵的精神服务。这对丰富整个一代人的精神发展来说，必将是一个重大的贡献。难道伟大的老师不能考虑一下我的邀请吗？"

哟西老师听了富商的这番话，明确地回答说："如果整日生活在愚笨的人们中间，甚至连最明智的智者很快也会变得愚笨的。"由此可见，并非哟西老师不想帮助富商所在的镇子上的人们，而是他非常清楚：一旦离开了一个可以提供帮助和支持的环境，他将会遭受双重损失——既没有很好地启蒙自己的学生，还将丧失自己的精神阶段。

没有无政府主义者

前面所讲的内容可能会让人误以为卡巴拉学家是无政府主义者，为了推动以精神为导向的社会的建立，乐于去妨碍现有的社会秩序。这完全不对。

卡巴拉学家耶胡达·阿斯拉格非常清楚地解释说，人类是属于社会的生物，而且任何一位社会学家和人类学家都将证实这一点。换句话说，我们除了生活在社会之中，没有其他选择，因为我们都属于一个共同的灵魂。很明显，我们也必须顺应自己所生活的那个社会的制度，关心社会的福利。达到这一目标的唯一途径，就是遵守我们所生活的社会的制度。

然而，阿斯拉格也指出，在任何并不涉及社会的情形中，社会没有权力，也没有正当的理由去限制或压制个人的自由。阿斯拉格甚至毫不客气地称那些曾这样做的人们为"罪犯"，并直言不讳地强调，一旦涉及个人的精神发展，自然也不能强迫个人去顺从大多数人的意愿。恰恰相反，精神成长是每一位，是我们中间的每个人的责任。这样一来，我们不但在改善着自己的生活，而且在改善着全人类的生活。

我们迫切需要了解我们对社会应尽的义务，同我们对自己的精神成长应承担的职责之间的分隔线。知道在哪儿划这条分隔线，并且明白如何为这二者作出贡献，这将让我们避免对精神领域的误解和困惑。人生的法则应当简单明了：在日常生活中，我们遵守法律法规；在精神生活中，我们都自由自在地自己演变。实践证明，精神发展不容别人干涉，而只有借助选择精神发展方可获得个人自由。

利己主义必将灭亡

热爱自由就是热爱他人，热衷权力就是自我至上。
——威廉·赫兹利特（William Hazlitt，英国作家、评论家）

让我们花些时间，再来审视一下创造的根本。创造者唯一创造的就是我们"接受的意愿"，我们的利己心。这是我们的本质。如果我们学会如何将我们的私心"卸除引信"，那么我们将能重新与创造者进行联系，这是因为一旦摈弃了自私自利，我们便能重新获得在精神世界所拥有的，并与它形式一致。不使用我们的利己主义，既是攀登精神阶梯的开端，也是改正过程的开端。

沉湎于个人享乐的自私之人无法获得真正的幸福，这是自然具有讽刺意味的幽默。之所以会出现这种情况，原因有两个：第一，正如我们在第一章中所解释的那样，利己主义会让人陷入没有真正选择的僵局：如果你拥有了你想要的东西，你就不再想它了。第二，私欲不但从满足自己一时冲动中得到乐趣，而且从他人的不满中得到乐趣。

为了更好地理解第二个原因，我们需要回顾一下基本知识。四个基本阶段中的阶段一只想接受快乐。阶段二已经变得更加复杂，它想通过给予来获得快乐，因为给予是创造者的状态。如果我们的发展停留在阶段一，那么我们的愿望在得到满足的那一刻，我们就会心满意得，而根本不关心其他人的境况如何。

然而，阶段二——给予的意愿——迫使我们关注他人，以便我们能够给予他们。但由于我们的根本愿望是接受，所以当我们看别人时，我们看到的都是"他们拥有了我们所没有的那一切。"由于阶段二在起作用，我们总在拿自己和别人对比，而由于阶段一的"接受的意愿"在起作用，我们总想超出他们。这就说明为什么我们会从他人的缺乏中获得乐趣。

顺便讲一下，这也说明了为什么不同国家确定的贫困线不尽相同。按照韦伯斯特（1758~1843，美国词典编纂家、作家）编写的词典中的释义，贫困线就是"个人或家庭收入低于按政府标准被划定为贫穷的那一水平线"。

倘若我周围的人们都和我一样穷，那么我就不会感到贫穷。然而，倘若我周围的人们都很富裕，而我只达到了中等收入水平，那么我会觉得自己成了世界上最穷的人。也就是说，我们的标准由阶段一（我们想拥有什么）和阶段二（决定于别人拥有什么）共同划定。

实际上，我们给予的愿望本应该保证我们这个世界是一个宜居之地，可它其实却成了这个世界一切邪恶的起源。这是我们堕落的根源所在，因此用给予的意图来取代接受的意图，则是我们需要改正的那一切。

治　愈

没有哪种愿望或品质从根本上来讲是邪恶的，而是由于我们错误地利用它们，才让它们变得邪恶。古代的卡巴拉学家已经指出："嫉妒、热情和名誉（的追求）令人走出这个世界"，这意味着走出我们这个物质世界，并走进精神世界。

为什么会这样呢？我们已经明白嫉妒导致竞争，而竞争产生进步。而嫉妒引发的结果，远不止技术进步或其他物质收益。卡巴拉学家耶胡达·阿斯拉格在《对〈光辉之书〉的序言》中写道：人能够感觉到他人，因此会感到缺乏他人所拥有的那一切。这样一来，人的心中充满了嫉妒，想得到别人拥有的那一切，而且人拥有得越多，就越感到空虚。最后，他想吞并整个世界。

嫉妒他人让我们始终无法获得真正的满足，只有最终变得和创造者本身一样时，方可心满意足。然而，自然的幽默在此又给我们开了个玩笑：创造者就是给予的愿望，就是利他主义。一心想着主宰万事万物，成为创造者，我们实际上是渴求成为利他主义者，尽管我们当初没有意识到这一点。这样一来，通过嫉妒——利己主义最奸诈、最有害的特性——我们的自我主义自取灭亡，就像癌症会一直破坏它寄生的肌体，直至它与它所毁坏的肌体一起走向灭亡。

我们之所以能够再次看到营造恰当社会环境的重要性，是因为如果我们被迫去心怀嫉妒，那么我们至少应该怀着建设性的嫉妒心，这意味着我们应该嫉妒那些能让我们得到改正的事物。

卡巴拉学家是这样描述利己主义的：利己主义就像一位人，他手中的那把剑的剑尖上有一滴香气宜人但毒性却足以致命的珠液。这位人知道它是有着剧毒的，可仍禁不住它的诱惑。他张开嘴，将剑尖放在舌头上，然后咽下剧毒……

一个公正、幸福的社会，不能建立在受到监控或"经过引导的"自私自利的基础上。我们可以设法借助法律法规来抑制利己主义，但这只在局势尚未恶化之前起作用，就像我们看到的昔日的德国一样——这个民主国家则民主地选举出阿道夫·希特勒执政。我们也可能想方设法去引导利己主义造福社会，但这已经被前苏联尝试过，而且以惨败而告终。

甚至连美国这个许多人心目中的充满自由和机遇的资本主义国家，也未能让其民众的生活幸福。据《新英格兰医学》杂志称："每年，在15～54岁的美国人中，有过沮丧、抑郁症状的人超过4600万。"而《普通精神病治疗记录》则宣称："在孩子们和青少年身上使用的有效力的精神抑制药……在1993~2002年间增长了5倍多。"这篇文章刊登在2006年6月6日的《纽约时报》上。

总而言之，只要利己主义占上风，社会总会是不公平的，而且会以这样那样的方式让其成员大失所望。最终，所有建立在利己主义基础上的社会，连同创造这类社会的利己主义，都将寿终正寝。为了每个人的福祉，我们必须让这种情况尽可能快速、轻松地发生。

虚假的自由

卡巴拉学家将人感觉不到创造者的那种状态称为"创造者的隐蔽"。这种隐藏产生了虚假的自由，它让人们误以为自己可以自由自在地在我们的这个世界，与创造者的精神世界之间作出选择。假如我们真的能够看到创造者，假如我们能够真真切切地感觉到利他主义的益处，那么我们毫无疑问地会更喜欢它的世界，而非我们的世界，这是因为它的世界是一个给予和快乐的世界。

但由于我们无法看到创造者，因此我们也未能遵守它的法则，反而不断地违反它们。实际上，即使我们的确了解创造者的法则，但由于我们没有看到违反它们给自己带来的痛苦，我们很可能会继续违反它们，因为我们总认为做一个自私自利的人更有乐趣。

隐　蔽

伟大的卡巴拉学家巴鲁克·阿斯拉格是耶胡达·阿斯拉格之子和"右手"，他以做笔记的形式，将自己从父亲那儿听到的教诲写了下来。他的笔记后来以《Shamati》（我听见了）为书名得以出版。他在自己的一篇记录中写道，如果我们是由一种最高的力量创造的，那么为什么我们无法感觉到它？为什么它在隐蔽之中？如果我们知道它对我们的期望，我们就不会犯下那么多的错误，而且我们也不会遭到惩罚并备受煎熬。

如果创造者得以显露，那么人生将变得多么的简单和愉快呀！我们不会再怀疑它的存在，我们都能够认识到它给我们和这个世界的指导。我们也会了解到我们来到世间的原因和目标，看到它对我们的行为做何反应，与它进行沟通交流，在每次做事之前请它给我们忠告。这样一来，生活将变得多么的美好、多么的简单啊！

最终阿斯拉格给他的这些思想得出了这么一个结论：我们人生中的一大渴望，应当是显露创造者。

在本章前面"人生的支配权"这一部分中，我们提到整个自然只遵从一条法则：满足与痛苦的法则。换句话说，我们所做、所思考、所规划的一切，要么是为了减轻我们的痛苦，要么是为了增添我们的满足。我们在这上面没有自由可言。然而，因为我们并没有看到我们在被这些力量支配着，所以我们认为自己是自由的。

然而，若想获得真正的自由，我们必须首先摆脱满足与痛苦法则的支配。而由于我们的利己心指定了什么是快乐的，什么是痛苦的，所以我们必须首先从利己心中获得解放。

自由选择的条件

具有讽刺意味的是，只有当创造者在隐蔽之中时，人才能感到真正的选择的自由。这是因为倘若一个选项看起来更好的话，我们的利己主义只会让我们去追逐它，而不会留给我们其他任何选择。在那种情形下，即使我们选择了给予，它也将是为了接受而给予，或者说是怀有自私意图的给予。因为一种举动若要成为利他的、精神的举动，那么它的收益必须向我们隐瞒。

如果时刻记牢整个创造的目标，就是最终能够从自己主义中解放出来，那么我们的行动总会朝着正确的方向——走向创造者。既然如此，倘若我们有两种选择，而且我们不知道它们之中的哪一个将会带来更多满足或更少痛苦，那么我们便有了作出自由选择的真正机会。

如果自我无法看清哪种选择更为可取，那么我们可以根据不同的价值体系作出选择。例如，我们要扪心自问的并不是哪种选择更有乐趣，而是哪种选择能让我们更多地给予。如果我们重视给予，那么这做起来会相当容易。

我们要么可以成为利己主义者，要么可以成为利他主义者；要么可以多为我们自己着想，要么可以多为他人着想。除此之外，别无选择。当两种选择都显而易见，而且同样吸引人(或者同样不吸引人)时，我们才有可能拥有选择的自由。倘若我只看到一条途径，那么我必须借助这条途径。因此，为了自由地选择，我必须看清我自己的本质和创造者的本质。只有当我并不知道哪种选择能给我带来更多快乐时，我才能作出一种真正自由的选择，才能让我的利己心保持中立。

实施自由选择

精神工作第一个原理就是"信仰高于知识"。因此，在我们谈论实施自由选择之前，我们必须解释在卡巴拉科学中"信仰"和"知识"的含义。

信　仰

在世界上几乎每一种宗教信仰体系中，信仰作为一种手段，被用来补偿我们未能看见或者未能清楚地感知的东西。也就是说，因为我们无法看到上帝，我们不得不相信它存在着。碰到这种情况，我们用信仰来对我们没有能力看到上帝进行补偿。这被称作"盲目的信仰"。

而信仰并不只是在宗教中被用作一种补偿，它实际上在我们所做的每件事情中都扮演着补偿的角色。例如，我们怎么知道地球是圆的呢？难道我们曾经飞到外层空间，亲自检验过地球是圆的吗？科学家告诉我们地球是圆的，我们之所以相信这些科学家，是因为我们认为科学家是可靠的人，当他们声称他们检验过地球是圆的时，我们可以相信他们的话。我们相信他们；这就是信仰。盲目的信仰。

这样一来，无论在何时何地碰到我们无法耳闻目睹的情形，我们都用信仰来完成整幅画面缺失的部分。然而，这并不是确凿可靠的信息——它只是盲目的信仰。

在卡巴拉科学中，信仰的含义同我们刚才描述的内容截然相反。卡巴拉科学中的信仰是确凿的、生动的、完整的、不会破损的、无可辩驳的对创造者的感知——对人生法则的感知。因此，树立对创造者的坚定信仰的唯一途径，就是变得和创造者完全一样。否则，我们如何能走出怀疑的阴影，准确地了解到它是谁，或者确信它的存在呢？

知　识

现代汉语词典给"知识"这个单词列出了两种释义。第一种释义为"人们在社会实践中所获得的认识和经验的总和"，第二种意思指的是"文学、文化或学问"，而更让我们感兴趣的，则是它提供的第一种释义。

从同义词的角度，可以提供下面这些选项：智力、理智和逻辑。

现在，让我们阅读卡巴拉学家巴鲁克·阿斯拉格在给一位学生的信中写下的一些有深刻见解的话，它解释了创造者的"指挥链"。这有助于澄清为何我们要跳出习惯性的推理。

"接受的意愿之所以被创造出来，是因为创造的目标就是善待万物，而为了实现这一目标，必定要有一个接收快乐的容器。最重要的是，倘若没有对快乐的需求，感到快乐也便成了无稽之谈，这是因为离开了需求，快乐便无法被感觉到。

接受的意愿就是创造者创造的全人类（亚当）。当我们谈起人将被赐予永恒的快乐时，我们指的是接受的意愿，这种意愿将接受创造者计划给予的所有满足。

创造者为接受的意愿安排了可提供服务的仆人。通过它们，我们获得了快乐。这些仆人就是我们的双手、双腿、视力、听力等。它们都被视为一个人的仆人。换句话说，接受的意愿是主人，而感官是它的仆人。

通常来讲，主人会在仆人们中间安排一位管家，看管仆人的任务自然落在管家身上。这位管家需要确保仆人们辛勤劳动，以便达到带来所渴望的快乐这一目的，这正是主人——接受的意愿——的愿望。

如果其中有一位仆人缺席了，那么与那位仆人相关联的快乐也就缺失了。例如，如果某人是一个聋子，他或她将无法欣赏音乐。如果某人嗅觉不灵敏，那么他或她将无法闻到香水的芳香。

然而，一个人的头脑（仆人们的总管）就像是监管所有工人的工头，如果他走失了，整个业务都得垮掉，老板也必将遭受损失。倘若有个人经营着一大笔生意，手下雇了许多员工，然而他缺少一位好的经理，那么他的生意可能会赔本而非赚钱。

然而，即便没有经理（理智），老板（接受的意愿）仍然在场。即使经理去世了，老板依然活着。这两者毫不相干。"

这表明如果我们想战胜接受的意愿，成为利他主义者，我们就必须首先征服它的"参谋长"——我们自己的理智。由此可见，"信仰高于知识"意味着信仰——变得和创造者一模一样——应该高于（重要性大于）知识——我们的自私自利。

借助它来达到目的的途径是双重的：在个人层次上，它是一个学习小组，一个朋友圈，这有助于营造一种弘扬精神价值的社会环境；而在集体层次上，它要求全社讲会学重视利他的价值。

?其　　?其　　?其　　?其　　?其

我们人生中所做的一切，都由满足与痛苦的原理决定：我们躲避痛苦，追求快乐。而我们为得到快乐所必须付出的劳动越少，我们就觉得越好。

满足与痛苦原理听命于接受的意愿，而且接受的意愿支配着我们的所作所为，这就是因为它是我们的实质。因此，当我们觉得我们自由时，我们实际上被人生的由利己主义所控制的两大锁链——快乐与痛苦——束缚着。

四大要素决定了我们是谁：1. 基础，也被称为"最初物质"；2. 基础不变的特性；3. 通过外部力量得以改变的基础特性；4. 外部环境中的变化。我们只能影响最后一个要素，但那个要素却影响着其他所有的要素。

因此，我们能够选择去做什么样的人的唯一途径，就是借助于选择最后一个素质，从而监测并改变我们社会的外部环境。因为最后一个要素中的变化影响着其他所有要素，所以通过改变它，我们可以改变自己。如果我们想让自己从利己主义中解放出来，那么我们就需要改变外部环境，使其支持利他主义，摈弃利己主义。

而一旦我们从接受的意愿里解放出来，打破了利己主义的枷锁，我们就能走上精神世界的道路。为了做到这一点，我们需要遵循"信仰高于知识"的原理。

"信仰"在卡巴拉科学中的含义为对创造者的完全感知。我们可以通过在我们的特性、我们的愿望、意图及思想等方面像创造者一样，从而获得信仰。"知识"这个术语涉及我们的思维，它是我们的利己主义的"工头"。为了超越它，我们必须将"与创造者的相同"这一价值，看得比我们所能想象的任何自私自利的乐趣都更为重要、更为珍贵。

在个人层次上，我们将借助书籍或其他形式的媒体、朋友及能向我们展示利他主义重要意义的老师，来提升创造者（利他主义）在我们心中的重要性。在社会层次上，我们在社会中努力去适应利他的价值。

我们不应该只是为了让自己在这个世界上生活得更加愉快，才去接受利他主义的价值。这对变革的成功极为重要。我们应该本着让我们自己及我们的社会等同于自然，也就是说与唯一的现实法则——利他的法则、创造者。

倘若我们作为一个个体或一个社会，将自己置身于这类环境中，那么我们的价值将渐渐演变为我们环境的价值，从而非常自然、轻松、愉快地将我们的利己主义转变为利他主义。

下　篇

从混沌走向和谐

FROM CHAOS TO HARMONY

引　言

　　人类正陷入深层的危机之中，这很难说是一个没有多少人知道的秘密了。其实，我们很多人已经感觉到它了。无意义、沮丧和空虚的感觉吞噬着我们的人生。家庭危机、令人忧心忡忡的教育体系、毒品滥用、个人的不安全感、对核战争的恐惧以及生态恶化的威胁，所有这些都给我们的幸福笼罩一层乌云。似乎我们对人生失去了控制，而且在问题的苗头出现时无法及时防止它们。

　　众所周知，正确诊断疾病是成功治疗的一半。因此，为了解决我们的问题，我们首先需要了解它的起因。最稳妥的办法就是从了解人类和世界的本质做起。倘若我们认清了自身的本质和影响我们的法则，我们将会明白自己在哪儿出错了，以及我们必须做些什么方可摆脱所处的困境。

　　在观察周围的自然时，我们发现自然的非生命层次、植物层次和动物层次都由内存的本能驱使着。这些行为不是以好坏来看待的；它们只是遵循着根植于其自身的规则，保持着同自然以及相互之间和谐。

　　然而，如果观察人类的本质，我们将会发现它与自然的其他一切存在着本质上的差异。人是唯一能从利用其他同类中，能从征服其他同类中获得快乐的生物。只有人类可以与众不同、脱离他人及高高在上中得到乐趣。由此可见，人类的利己主义破坏了自然的平衡。

　　接受快乐的愿望长期以来在我们自身不断演化。它最初表现于一些简单的欲望，比如想吃饭、想生儿育女、想体验家庭生活。随后，更高层次的愿望——渴望财富、荣誉、主权和知识——的出现，则推动了人类社会的进步，促使其社会结构——教育、文化、科学和技术——不断演变。人类豪情满怀地前进着，并且相信社会进步和经济增长将能满足我们，让我们生活得更加幸福。遗憾，直到今天我们才开始意识到这种长期的"进化"已达到了停滞的地步。

　　之所以出现这种情形，是因为我们接受快乐的愿望即使得到满足，但过不了多长时间，就又会感到不满足。我们所有人至少有过那么一次极其渴望得到某种东西，有些时候甚至数年之间一直渴望得到它。可一旦我们得到了自己渴求的东西，内心的快乐过不了多久便消失殆尽，内心的空虚又出现了。这时候，我们发现自己在追逐新的目标，并希望它们能让我们心满意足。这个过程既发生在个人的层面上，也发生在全人类的层面上。

　　既然数千年来我们已经积累了丰富的经验，我们已经清醒地意识到，我们并不了解如何获得持久的幸福，乃至最基本的安全感。这让我们有些手足无措。这种现象就是困扰我们的危机和挑战赖以存在的基础。

　　此外，长期以来，本性自私的人类以牺牲他人利益来寻求个人快乐的偏好日渐加剧。

如今，许多人企图将自己的成功建立在毁灭他人的基础上。缺乏宽容、感情疏远和仇恨已经达到前所未有的可怕高度，时刻危及着人类的生存。

当我们认真观察自然时，我们能够看到所有生物都遵循利他主义或关爱其他同类的原则。这一原则与那一激发人类的原则截然不同。

为了维持整个体的存在，器官中的众多细胞相互给予团结一致。躯体内的每个细胞获得它生存之所需，而将其余的能量用于呵护躯体的其他部分。在自然的每个层面上，个体作为它所在的那个整体的一部分，为造福这个整体而工作，而且这样一来，发现它的完整。没有这种利他的行为，整个躯体便无法存活。实际上，生命本身也难以维持。

如今，在研究很多不同领域之后，科学得出了一个结论：人类其实也是一个整体。可问题在于我们人类尚未意识到这一点。我们必须唤醒和懂得给我们的现实生活蒙上阴云的问题并非偶然；我们不可能依靠昔日了解的任何方法去解决这些问题。它们不会自行消失，只会日渐恶化，直至我们改变方向并开始依照自然的普遍法则—利他主义的法则—运转。

我们生活中的每一种消极现象，从最具体的到最普遍的，都源于违反自然规律。如果我们从很高的地方跳下来并受了伤，我们就会知道自己的做法违反了万有引力定律。既然如此，我们现在必须停下来检验自己，看一看我们在哪儿没有遵循自然规律。我们必须找到正确的人生道路。这一切都取决于我们的意识：我们越深入地理解自然的体系，遭受的磨难就越少，而且进步就越迅速。

在动物层面上，利他主义是生存的法则。而在人类的层面上，我们自己必须建立起这种关系。自然将这个使命留给了我们，以便我们能将自己提升到一个崭新的、高尚的生存阶段。这是人和其生物之间的本质区别。

在这本书中，我们将探讨怎样将利他的关系变为现实，因为改变人性并非一项小任务。我们被创造成自我主义者，我们无法直截了当地反对我们的利己心，因为它是我们的本质。因此，"窍门"在于找到一个变通的方法，能让我们即便为自身利益考虑，也要改变对待他人的态度，从而使自己与他人团结起来，成为人类这个统一整体的和谐部分。

自然将人们创造为社会生物绝非偶然。如果我们深入观察自己的行为，就将发现我们采取的每一种行动，都是为了让自己得到社会的认可。这就是我们赖以生存的基础。它的欠缺或，更糟糕的，社会的指责，都会致使我们遭受巨大的痛苦。

感到羞愧是一个人可能体验到的最糟糕的事。这就是为什么我们倾向于遵从社会所崇尚的价值观。在这种情况下，如果我们成功地改变我们所生活的环境的价值观，并实现利他的价值观，如关心他人、共享和尽量团结，那么我们就能够改变对待他人的态度。

倘若社会只依照个人为社会所作的贡献，来评判他或她的价值，那么我们必定都会为社会着想，并为社会进步而不懈努力。如果我们取消个人优秀而颁发的奖项，只赞赏那些处处为社会着想的人们；如果孩子们依照这些标准来评判他们的父母；如果朋友、亲戚、同事都按我们同他人相处怎样来检验我们，那么我们都想善待他人，以便我们能够赢得社会的赞誉。

这样一来，我们便会逐渐感觉到怀着利他主义或无私来对待他人，本身就是一种独特的、高尚的价值，即使它保证社会认可。通过这样去做，我们会发现这种态度实际上就是完美无缺和无尽满足的源泉。

纵然在今天的社会中利己主义依然大行其道，但我们已经为遵循利他主义的自然规律而做了相当多的准备。教育和文化一直都建立在利他主义的原则上。在家庭和学校，我们都教育孩子要做富有同情心的善良、友好之人。我们想让自己的孩子善待他人，而且我们觉得这种对他人的态度是妥当的，甚至可以保护采纳它的人。几乎没人会宣称自己反对这些价值观。

此外，多亏通信进步，今天我们能够非常迅速地在世界各地传播新的信息和社会价值。

这是一个至关重要的因素，它有助于我们充分意识到人类不断加剧的危机及解决危机的迫切方法。

尽管当前人类面临的问题可能促使我们去做出变革，但它的影响远不止这些。假如我们能够树立一种对待社会的正确态度，那么我们就会渐渐地被接纳到一个全新的存在阶段，而它高于我们以前了解的任何事物。这是一种更高的存在形式，它是崇高的，是一种对自然的统一与完美的感觉。

到了今天，在经历了无数代的进化之后，我们积累了足够的经验，以懂得自然的进化法则正在将我们带向何处。

我们慢慢地展示给读者的这幅画面，建立在古代卡巴拉智慧的原理及当代科学的最新发现的基础之上。本书旨在教我们懂得如何解决危机，并开辟一条通向繁荣与成功的道路。有了它的帮助，我们将能朝着意识到自然规律迈出真正的第一步。只有到了那时，我们方可感到全人类都是自然的这个完整体系的一部分，并能品味到融入这一体系的完美与和谐。

本书的第一部分将关注21世纪的人类状况，讲述我们的意识所需要的变化，以及为何需要它。而在我们这样做之前，首先回顾一下有关人类现状的一些事实，并且重点探讨以色列的局势。尤其重要了解这些事情，由于有助于我们理解所提出的解决问题的方案。

在刚刚过去的大约100年时间里，尽管我们在科技领域已经取得了巨大的飞跃，但我们在面临许多领域日益严峻的问题时，却发觉自己依然束手无策。我们之中许多人都对自己的生活并不满意，而且内心的不安全感、空虚感、挫折感和痛苦感愈加强烈。这类感受时常导致我们使用镇静剂、毒品和其他容易让人上瘾的物品，来作为满足自己的替代手段。

21世纪的祸患是焦虑和抑郁。世界卫生组织（WHO）断言，世界上有四分之一的人都会在自己的一生中遭受精神问题的折磨。在过去的50年中，患抑郁症的人数急剧攀升。最新发现显示，抑郁症呈现出低龄化的走势。照此下去，估计到2020年，精神疾病，尤其是抑郁症，将成为引发健康问题的第二大原因。

抑郁是自杀的主要原因之一。每年，超过100万人选择自杀，而试图自杀的人数在1000万到2000万之间。试图自杀的现象总的来讲，尤其是在儿童和青少年中，呈现出一个明显的上升曲线。

以色列卫生部宣称，在以色列，自杀成了儿童和青少年死亡的第二个最普遍的原因，这一点与其他西方发达国家比较相似。许多在卫生领域工作的人们都认为，自杀现象反映了整个社会普遍存在着不健康的状况。

在过去的几十年里，吸毒从一种边缘现象转变成世界各地的主要问题，而且迄今为止，社会的各个阶层都遭受它的影响。年轻人中滥用毒品的现象在今天已见怪不怪了，甚至连个别上小学的孩子们也因受人引诱而沾染毒品。以色列反毒品机构2005年所做的一项调查显示，与过去的数据相比，年轻人中滥用毒品的人数日益增多。

在美国，承认自己一生中至少沾染过一次毒品的人数，竟然占总人口的42%。在欧洲，吸食可卡因的人数高达350万！这绝对创了一个令人惴惴不安的记录。而在这些吸食者中，来自西欧的受过高等教育的人在增加。

甚至连家庭状况也在走下坡路：离婚、感情不和、家庭暴力更加频繁地出现。在以色列，每3对夫妻中就会有1对离婚；而在瑞典和俄罗斯，离婚率高达65%。以色列警察部门报告称，在2004年，新发生的父母虐待孩子的案件高达9400件，而在1998年仅有1000件。此外，在2004年，20万妇女被列为家庭暴力的受害者，而施暴者自然是她们的伴侣。

以色列社会安全部2006年发布的贫困报告显示，贫困现象在漫延，社会和经济地位的差距仍在扩大。如今，三分之一的孩子在贫困家庭中长大，以色列五分之一的家庭生活在贫困线以下。

价值观和理想的缺失，让年青一代困惑、迷惘，而日渐衰退的教育体系对此也无能为力。暴力和少年犯罪正在滋长，而且 90%的学生曾称亲眼看到过校内发生常见的骚扰与暴力事件。相同比例的老师也承认他们对教育体系内发生的暴力和不服管教的事件束手无策。

实际上，这些现象的加剧并没有让我们大惊失色，因为我们对此早已习以为常了。在过去，他们被视为误入歧途，而如今我们对其已是标准。由于我们缺乏应对这些困境的工具，因此接受了它们的存在，以避免它们所导致的痛苦。这就是已经在我们内部发展起来的一种本能的保护机制，但这并不意味着我们无法扭转这种被动的局面，让事情朝着更好的方向发展。

——编　者

第八章

愿望就是一切

一个原因，一个解决方案

正如我们在前言中所述，许多人已经感到无论在全球层面上，还是在个人层面上，都在陷入一场危机。事实上，它涵盖了自然的全部：非生命物质、植物、动物和人类社会。因此，只关注某些具体领域是不够的；我们需要找出问题的根源究竟在哪儿，并且去认真纠正它们。

本书的这一部分将告诉我们，所有的消极现象背后都有一个起因。当我们了解到那个起因时，就能够找出一种综合的解决方案。

我们将从对人性及世界本质的认识开始做起。如果我们更透彻地理解了它们，掌握了它们的规则和方面，我们将会明白自己在哪儿出错了。这样一来，我们便可首先摆脱生活中的困境，进而走向更加光明的未来。

通过对各种各样的物质进行研究，我们发现万事万物的首要愿望就是维持自身的存在。然而，这一点在不同的物质中有不同的表露。固体有一个固定的、可以描述的形状，这使得它们的"疆界"难以穿越；而其他的形式则靠移动与变化维护着自身。既然如此，我们就必须询问自己这样的问题：到底是什么让每一种物质以一定的方式得以显现，而且能从其他的物质中分离出来呢？究竟是什么掌控着每种事物的行为呢？

物质的表现有些类似计算机屏幕。我们可能对屏幕上的画面印象深刻，但一位计算机专业人士却会将同样的画面，作为像素与色彩的组合来看待。这位技术人员只关心生成画面的多种因素。懂得电脑的人们都理解，计算机画面只是这些因素特定组合的表面显现。他们知道为了调出更清晰、明亮、逼真的画面，需要在哪种因素上面下工夫，而这就是他们关注的重点。

现实中的每种事物及体系，包括人类和人类社会，都以非常相似的方式，反映出它独特的固有力量组合。为了应对它所产生的任何特定问题，我们必须首先懂得各个层面上的物质行为。而要做到这一点，我们必须深入了解规划及塑造该物质的固有力量。

每种物质和事物内的这种固有力量通常被称为"存在的意愿"。这种力量设计物质的形态，决定它的品质及行为。

"存在的意愿"作为世界上万事万物的根基，有着无限的形式与组合。更高层次的物质，则反映出更强的"存在的意愿"，而且不同层面—静止层面、植物层面、动物层面及说话（人类）层面—的物质中不同的愿望，在物质自身内产生了各种不同的发展进程。

"存在的意愿"遵循两个原则：第一，保持它的现有形状，意味着继续存在；第二，给自身补充增添它所感到的为生存需要的任何东西。不同层面物质之间的区别在于给自身增添东西的意愿之中。让我们更加细致地探讨这一点。

在静止层面上，"存在的意愿"最弱。这是因为静止的物质渴求甚少，它不必为了生存而给自己增添任何身外之物。它唯一的心愿就是保持其现在的形状、结构及品质。此外，它拒绝任何陌生的东西。因为它唯一的愿望就是不变化，所以它被冠以"静止"的称谓。

在植物层面上，"存在的意愿"更加强烈。植物层面的存在意愿与静止层面的存在意愿的根本差别，表现在前者是可变化的，而后者是不可变化的。植物不会像非生命的静止物体那样"安于"维持它的存在，它要经历一定的进程。

这样一来，植物对待环境的态度是积极的。例如，植物向往阳光移动，并且将它们的根系伸展到潮湿的土壤。植物的生存依赖于环境—太阳、雨水、温度、湿度和干旱。植物从环境中得到它维持生存的必需品，对它们进行分解，并从中提炼出它所需要的东西。随后，植物分泌出有害物质，并生长。由此可见，植物形式要比非生命的静止物体更依赖它生存的环境。

植物有它自己的生命周期——它的枯荣。尽管如此，同一种类的植物都依照同样的规则生长、开花和枯萎。换句话说，某一种类的所有植物都以同样的方式运作，而且植物种类中的特定元素没有自身的独特性。

生物的生存意愿越强烈，它就越依赖于环境及其对环境的敏感度。这种联系在动物层面变得更为清晰，因为动物的生存意愿要比植物的生存意愿更加强烈。就绝大部分而言，动物群居。动物非常善于迁徙，而且为了寻找食物和合适的生存条件，必须不断地四处游走。动物要么吃其他动物，要么吃其他植物，动物将其作为维持自身生存的能量来源。

动物层面开始显示出一定的个性发展阶段，而这引起个体的情感和情绪，从而让每一种动物都具备独特的性格。每一种动物都在其自身的层次上察觉着它的环境，这使得它能够走近对它有利的环境，并远离对它有害的环境。

动物的生命周期也是个别的。每一种动物都按其自然寿命的长短，走完从出生到死亡的历程。而植物则不同，植物的生命周期是由一年中的季节来决定的。

生存意愿最强烈的，非人类层面莫属。人是世上唯一完全依赖他人的生物，而且只有人能够感觉到过去、现在和未来。人类影响着环境，而环境也影响着他们。这样一来，人们要不停地变化，这不只是因为我们对现状感到满意或不满，还是因为我们能够意识到他人的状况，而这就导致别人拥有什么，我们也想拥有什么。

此外，我们想比别人拥有得更多，或者想拥有别人所没有的，这样就相对地改善了自己的状态和自我满足的感受。这就是为何人类的生存意愿会被称为"利己心"、"享乐的愿望"或"接受快乐愉悦的愿望"，以及卡巴拉学者所称的"接受的意愿"。

耶胡达·阿斯拉格在谈及上述事情时说道："接受的意愿，自始至终都是创造物的全部实质。因此，数不胜数的万物，它们所引发的各种各样的事情，它们已经表现出来和即将表现出来的行为方式，都是对'接受的意愿'的量度与变化。"

人类并不仅仅是稍微多一下演变的生物；人们与动物层面截然不同。在出生时，人就是一个不能自立的生物。然而，随着我们成长，我们便超越了其他一切创造物。一头刚刚生下的小牛与一头成熟的公牛之间的主要区别就在它们体型的大小上，而不在它们的智力上。从一个婴儿实际上是无能为力，完全需要他人的帮助；可过了多年之后，这个婴儿渐渐长大成人，情况就大不一样了。

由此可见，年幼动物的成长与人类婴儿的成长迥然不同。我们的智者是这样说的："长了一天的小牛就可以被称为一头牛了"。这意味着一只小牛刚刚降生就可被看成是一头牛，这是因为在它以后不断成长的过程中，也几乎没有增添任何实质性的品质。

而与其他一切生物不同的是，人类需要多年的进化。当婴儿呱呱坠地，他几乎不渴望任何事情。可随着他日渐长大，他接受的意愿不断增强，演变迅猛。每当一种新的愿望浮出，它便会产生新的需求，而人则感到迫切需要满足这些新需求。当我们开始想方设法去满足新的愿望时，我们的大脑也在不断地进化着，那是因为我们开始考虑如何能满足新的愿望。由此可见，大脑的智力与思维的进化，是我们享乐愿望不断强化的结果。

我们能够通过审视我们如何抚养孩子，就可观察到这一原理在如何发挥作用，为了帮助孩子们成长，我们为他们设计了颇有挑战性的游戏，孩子们那种想成为游戏高手的渴望，促使他们通过游戏想出新应付问题的办法，而这非常有利于他们的进步。我们时不时地会让游戏变得更难，以帮助他们不断提高水平，继续取得进步。因此，人们只有产生一种缺失感，才能不断去追求进步。只有当渴望某种事物时，我们才开始开动脑筋，认真考虑如何去实现自己的渴望。

人类是由理智和情感构成的，而这增强了我们接受的意愿。理智和情感相辅相成，提升了我们感知可带来快乐的那些事物的能力。出于这种原因，我们的意志力不受时间和空间的限制。例如，我们无法感觉到1000年前发生的事情，但我们的确能够了解（和去了解）过去的事情，这弥补了我们无法感到它们的欠缺。这样一来，我们可以插上思维的翅膀，让自己真正地体验它们。

反之亦然，如果我们感觉到某种事物，并想检验一下它可能会怎样（积极地或消极地）影响我们，我们就可以靠着自己的智力去分析局势，并将分析成果运用到我们对事物的感知中。于是，理智与情感便拓宽了我们所感知的时间与空间，直至我们变得不受限制。因此一个生活在某个时代或地点的人可能想扮演他或她曾听说过的某个人，即便他或她同想扮演的对象之间存在着巨大的时间或空间距离，这就是为什么人们有时想变成像历史伟人那样。

当我们接受的意愿得到满足时，我们将它作为快乐来体验；当我们无法满足自己的愿望时，我们感到空虚、泄气，甚至开始陷入痛苦。于是，我们的幸福取决于我们的愿望能否得到满足。我们所采取的任何行动—从最简单的行动到最复杂的行动，只为达到一个目的—增强快乐或减轻痛苦。实际上，这是一枚硬币的两面。

耶胡达·阿斯拉格在他的文章《和平》中写道："研究自然的人都非常清楚，一个人如果缺乏动机，如果不涉及自身受益，恐怕连微不足道的行动都无法做到。比如，当一个人将本来放在椅子上的手放在了桌子上，那是因为他认为通过将自己的手放在桌子上，他能感到更舒服。如果不这么想的话，人就会在自己的后半生中都将手一直放在椅子上，连一寸都不动；需要更大努力的行动也会这样。"

与自然界的万事万物相比，人的独特性并不只是体现在他愿望的力量与质量上。人类独特也是因为人的愿望不断地增强和变化着：在个人的一生中，也在一代又一代的人们生活中。检验其他物种的进化史，比如灵长目动物，我们会发现几千年前的灵长目动物，实际上和今天的灵长目动物一模一样。尽管灵长目动物也像自然界的任何元素一样，也在发生着变化，但这些只是生物变化，如同矿产所发生的地质变化。然而，人类却在漫长的时间内经历了实质性的变化。

人类追求快乐的愿望的演化

追求快乐的愿望的演化，使得人们感觉到有一种发展、发明及发现新事物的不断需求。愿望越强烈，就意味着需求越大，这可提升人的智力水平，并且让人的感知能力更加敏锐。接受意愿的滋长，能以下列方式促成人类进化：

首先，追求快乐的意愿表现在生理欲望中，比如对食物、养育后代和建设家庭的欲望。

这些愿望自人类发展初期便已存在。然而，由于人属于社会动物，因此另外一些愿望也在我们自身内得到演化，这些愿望被称为"人类愿望"或"社会愿望"，比如人们获取财富、荣誉、权势及声名的愿望。这些愿望改变了人类的外观，引入了社会阶层，并促使社会经济基础发生变化。

随后，人们产生了对知识的渴求。这种求知欲表现在社会、教育体制和文化的进步。人类对知识的渴求最早可以追溯到文艺复兴时期，它贯穿了工业与科学革命，并一直延续到今天。

启蒙运动（18世纪欧洲以推崇"理性"，怀疑教会权威和封建制度为特点的文化思想运动）和世俗主义（尤指在道德伦理上反对宗教的一种主义）的兴起，正是求知欲进一步增强的体现。这种愿望迫使人们全面了解他周围的现实。因此，人要寻求越来越多的信息，而且想研究并支配一切事物。

如果我们了解到愿望在人类进程中所扮演的重要作用，随后再去认真观察人类在文化、教育、科学、技术领域的进步，就会得出这样一个结论：不断演化的愿望，还创造了我们所有的观念、发明与革新。它们都只是满足这些愿望制造出来的需求的"技术"工具、"仆人"。

这个愿望演化的过程，不但发生在从古到今的整个人类身上，而且还发生在我们每个人的私人生活中。这些愿望以各种各样的组合一个接一个地出现在我们的内心，并指引着我们的人生进程。

实际上，推动我们前进及人类社会进步的这种内在动力，正是我们追求快乐的愿望。我们愿望的演化永不停息，它设计着我们的现在和未来。

第九章

快乐的界限

这个世界上只有两种悲剧：一种就是没有得到自己想得到的，另一种就是得到自己想得到的。后者情况更糟糕；后者是一种真正的悲剧！
——奥斯卡·王尔德

如果我们检验我们从获取知识、支配他人、荣誉、财富中所获得的快乐，或者检验我们从食物、性中所获得的快乐，那么就会发现似乎在所有这些情况中，最大的快乐只是在愿望及其与满足的短暂接触中才体验到。从开始满足愿望那一刻起，我们的快乐也渐渐消退了。

从满足一种愿望中获得的快乐可能会持续几分钟、几小时或几天，但它的确会消退，即便我们花上几年时间，费尽心机去获取某种东西，比如高档的办公室，但一旦我们拥有了它，我们就丧失了快乐感。显然，满足愿望的快乐也是消退快乐的缘由。

此外，当快乐渗透在愿望中而随后又消退时，它会在我们内部制造出一种比原来的愿望强烈两倍的追求快乐的愿望。让我们今天感到心满意足的东西，明天就有可能不再让我们满足。我们渴求得更多。这样一来，满足我们的愿望最终只会增强它们，并迫使我们付出更大的努力以得到满足。

当我们获取某些东西的愿望消退时，我们对人生的感知及我们的活力都会消退。就这样人类社会来不断地为它的每一个成员提供新的愿望。这些愿望在瞬间重新使我们振奋。然而，我们一次又一次地快乐片刻，随后再次失去快乐，变得更加沮丧。

今天的社会迫使我们去获取越来越多的东西，甚至在我们没有钱的情况下，还几乎什么都买。攻势凌厉的营销活动、达到社会标准的需要，以及可以轻而易举地去赊欠，导致我们去购买远超出自己收入水平的东西。

然而，一旦我们买到了新物件，那种拥有这个新物件所带来的快乐很快就会烟消云散，仿佛从未有过这种快乐，而欠款仍需我们数年去偿还。在这些情形中，购买活动所带来的失望很长一段时间不会被忘却，而只会被加重。

财富也不能带来幸福。荣获2002年诺尔经济学奖的心理学家丹尼尔·卡赫曼（Daniel Kahneman）教授所进行的一项新的研究表明，"普通人"对诸如财富及身体状况之类的因素对人的心情产生的影响所作的评估，同依照该研究中所定的测试标准测定出来的实际影响之间，存在着巨大差异。该研究测试了人们平日的心情，并且发现富人和穷人之间没有大的差异。

此外，消极的心情（愤怒及敌意）更频繁地出现在富人中间，财富与平日的幸福这二者之间之所以没有很强的联系，其中的一个解释就是我们很快就对快乐及我们新的生活水平习以为常，随后便渴望得到更多。

我们可以用耶胡达·阿斯拉格下面这段话，来对享乐愿望的界限做以概括："这个世界被创造充满着愿望与空虚。人类为了获取某种东西，就需要行动；然而，众所周知，过多地行动会给人们带来痛苦……可话说回来，让人一直有一贫如洗，也是不可能的……因此，我们为了获取，而甘愿选择行动所带来的痛苦与烦恼。但由于所有财富和财产都是为它们自己本身，而且人总是得寸进尺，'有了一份还要两份'，这就使得人最终离开人世时，心愿只满足了一半。最终人类要遭受双重折磨：过度行动带来的越来越多的痛苦，以及只能满足一半心愿的那种悔恨的折磨。"

享乐的愿望致使我们为许多根本不可能实现的愿望而煞费苦心。一方面，我们的愿望不断地增长；另一方面，实现它们让我们费尽心机，却只带来短暂的满足，这让我们感到更加空虚。

愚弄享乐的愿望

随着时间的流逝，人类想出了各种各样的办法，来应对其在满足享乐愿望方面的无能为力。对绝大部分而言，这些办法建立在两大原则基础之上，它们实际上是在"愚弄"享乐的愿望：1.提供满足的习惯；2.削弱享乐的愿望。

第一个原则依赖于有条件地养成习惯。首先，人们在孩童时代就接受了这样的教育：某种行为会带来回报。一旦孩子按老师的要求去做，作为回报，他会得到老师和社会的赞赏。随着孩子的成长，回报渐渐没有了，但到了今天，这种做法则被作为回报"刻印"在成人的头脑中。

在一个人已经习惯了完成某种行为时，完成过程本身会给他带来快乐。人认真地完成动作并在改善它时，感到伟大的满足。此外，这种习惯会经常伴随着之于未来的，甚至死亡之后的报酬的诺言。

第二个原则建立在削弱享乐愿望的基础上。与根本不想相比，想了却无法拥有更为悲惨。想而无果会让人痛苦，而根本不想却能让人"满足于"现有的一切。东方的教义将这些方法用到了极致，而且发展出了各种各样的消除享乐愿望的途径。他们利用思想活动和身体训练来做到这一点，从而减轻人们的痛苦。

只要我们一心只想着追逐下一个快乐，我们就会按照日常惯例做事，而且总希望得到最好的结果。当我们因未能得到内心想要得到的东西而感到不满，并可能觉得自己存在缺陷时，对所渴望的那种快乐的追逐，时常会充当着可以接受愿望的真正满足的替代品。这种追逐之所以让我们感觉充满活力，是因为我们发觉自己不停地追求新的目标和新的愿望，并希望借助实现它们来获得内心的满足，或者至少通过努力去获取它们来让自己感到满意。

从目前来看，我们似乎明智地利用了这些方法。但当享乐的愿望增强时，这些方法似乎不那么灵验了。人类日益滋长的自我主义不再容许我们让自己接受虚假的解决方案，或者对它默不作声。从个人层面到整个人类的层面，这种现象在生活的每个领域都很明显。

家庭观念的淡漠，就是这样一个能反映出私心滋长的例子。总体上的家庭关系，尤其是丈夫与妻子的关系，首先受到日益滋长的自我主义的冲击，因为我们的配偶通常都是我们最亲密的人。日渐膨胀的利己心，使得我们很难做到让自己属于对方，属于我们的家庭。

以前，家庭是避风港，是一个安全之岛。当世界上发生问题时，我们走出家门，勇敢地参与到斗争中去。如果我们邻里关系发生了摩擦，我们总会搬到另外一个地方居住。但家庭永远都是一个平平安安的天堂。

即使我们内心不再留恋自己的家庭，我们也不会随意离开它，因为有孩子需要我们呵护，或者因为有老人需要我们照料。可到了今天，自我主义如此的强大，以至于我们不顾及任何事情。离婚及单亲家庭屡见不鲜，许多做父母的根本不去考虑自己的行为会给孩子造成多大的伤害。在过去我们都不知道养老院之类的机构，但近来养老院的数量不断攀升，这是家庭解体的另一佐证。

自我主义的滋长也造成了全球效应。其后果十分深远，并将我们置于一种前所未有的境地：一方面，全球化向我们展示我们彼此之间在经济、文化、科学、教育及其他每一个领域联系是多么紧密。另一方面，我们的利己主义已经发展到无法容忍他人的地步。

实际上，我们总是一个统一系统的个体部分。然而直到今天，我们仍未意识到它。自然以两种力量同步行动的方式来揭示它：有一种联系的力量，它将我们所有的人联系为一个整体；还有一种排斥的力量，它将我们相互分离。这样一来，当这两种力量开始更加猛烈地展示各自的方向时，我们便会发现彼此之间是多么相互依赖，而与此同时，由于我们的自我主义不断滋长，我们却违抗这种依赖性。倘若我们不终结自己日益滋长的不宽容、疏远及憎恨，我们最终必定沦落到自相残杀的境地。

耶胡达·阿斯拉格很早之前就这种危险给人们提出过告诫。他在去世之前曾解释说，如果我们不能从自私自利的道路上转身离开，那么我们将发现自己卷入第三次，甚至第四次世界大战。他警告说，这会是将令世界上绝大多数生灵惨遭毁灭的核战。

阿尔伯特·爱因斯坦在1946年5月24日发的一份电报中，也表露出同样的忧虑："原子释放出来的能量，改变了除我们思维方式以外的其他一切，我们因而在一步步地走向空前的灾难。"令人遗憾的是，在今天看来，他们的这番话似乎比以前任何时候都显得更加贴切。

在历史上的各个时期，我们都天真地认为美好的时光就在前面，我们将在科学、技术、文化、教育领域取得进步，所有这些将让我们生活得更加幸福。"宇宙飞船地球"就是阐释这种观念的最佳地方之一。"宇宙飞船地球"是位于美国奥兰多的迪斯尼乐园的一个游乐景点，建于20世纪80年代初期。在这儿，游客将游览人类进化史上的一个个里程碑。

这儿的游览旅程始于史前的洞内壁画，随后游客将看到人类进化的标志性事件，比如人类开始使用纸和木头。它以人类征服太空为终结。这个景点是按照那个时代盛行的概念而设计，因此被视为人类的颂歌。建设者用"向着幸福不断前进"的方式来展示人类历史，建设者所采取的态度则是"明天这一切就会实现；倘若明天无法实现，那么后天就可以实现；如果我们的孩子看不到全人类走向真正幸福的这一天，那么我们的孙子将能够看到这一天。"

现在，几年过去了，这种乐观的态度已不再被人看好。我们每一个如今所拥有的，对生活在 100 年之前的人来说只能是一种梦想：无限的娱乐选择、旅行、休闲、体育……这个单子可以一直罗列下去，然而我们却不再毫无疑虑地确信我们会有一个美好的未来。不断升高的自杀率、暴力、恐怖、生态悲剧以及社会、经济和政治的不稳定，所有这些都让以前所描绘的人类未来的美丽画卷变得暗淡无光。

我们处在一个十字路口。我们开始清醒起来，而且明白光明的未来不是板上钉钉的事实。如今个人层面及集体层面上的危机感皆源于我们所发展的一切都未能产生持久幸福的意识中。

这也是诸如无意义感、空虚感的根源。因此，抑郁及滥用毒品成了我们这个时代的祸根。这些之所以是我们内心无助的表露，是因为我们不知道如何去满足我们享乐的愿望。我们的私欲已经发展到了任何没有新鲜感的东西都无法让其满足的地步。

年轻人对生活的态度，就是我们内心那种无助感的典型表露。许多年轻人对待人生的态度，同他们的家长在他们这个年龄时对待人生的态度大相径庭。在这些年轻人面前，有一个广阔的世界，那儿成功和自我实现的机会不计其数。然而，越来越多的年轻人对这些目标失去了兴趣。似乎年轻人对发掘自身巨大的潜能漠不关心。他们看似事先认识到即便忙碌了一整天，到头来人生还是那样无意义的。

他们还看到自己周围的成年人那么竭尽全力地去做事，可仍然生活得并不幸福。一旦他们看到这一点，就几乎无法产生努力工作的愿望！家长之所以难以理解为何情况会成这个样子，是因为当他们年轻时，他们和现在的年轻人存在着那么大的差异。然而，之所以会出现这样的情形，是因为每一代人都背负着前几代人的经历和不再抱幻想的态度。

从此，没有现成的解决方案可以帮助我们改善自己的境况。只有我们掌握一切生命体赖以存在的自然根本，并且知晓自然的全部，我们才能看清自己在哪儿出了差错。为了收获一个富有意义、安全稳定、平和幸福的生活，我们必须知道满足享乐愿望——利己主义——的完美方法。

第十章

利他主义是生命的法则

在研究自然时，我们发现了利他主义现象。英文单词"altruism"（利他主义）源于拉丁语中的单词"alter"，意指"他人"。到了 19 世纪，法国哲学家、实证主义和社会学创始人奥古斯特·孔德将（Auguste Comte）利他主义解释为"利己主义的对立面"。利他主义的其他一些比较常见的解释主要有"关爱他人"、"为爱他人而牺牲自我"、"过分慷慨大度"、"为他人着想的一种偏爱"及"无私地关心他人"。

像利己主义一样，利他主义也是一个只适用于人类的术语。这是因为诸如"意图"、"自由意愿"之类的概念只涉及人类。其他的生物并没有选择的自由。给予与接受、摄入与排放、潜行觅食与自我牺牲，所有这些都已根植于其他动物的遗传密码。然而，我们却要将这些术语"借来"，在谈及动物时使用它们，以便我们能够更容易地解释自然规律，并给人类得到结论。

乍一看，自然似乎就像一个利己者的圈子，在这个圈子中适者生存。这让研究人员提出多种多样的理论，来解释动物利他行为的直接或间接动机。然而，通过深入细致的研究以及从更广阔的角度进行的合理观察，人们发现每次斗争和冲突，实际上增强了自然界的平衡和生物之间的相互支撑。这些争斗提升了自然界的生物的健康状况，并且促进了它们的全面进化。

自然界寻求平衡的另外一个例子可以在20世纪90年代早期找到。当时朝鲜政府由于看到大街上的流浪猫比较扰人，于是下令清除流浪猫。几周过后，绝大多数猫都被除掉了，然而却又出现了老鼠、蛇数量剧增的问题。实际上，朝鲜政府后来为纠正这种不平衡，不得不从邻国进口猫。

狼是又一个典型的例子。我们习惯于将狼看成是残忍的危险的动物。然而，在狼的数量急剧减少后，它们为平衡鹿、野猪和容易传播疾病的啮齿目动物的数量所作的贡献愈加明显。实际上，不像人类喜欢猎捕健康的动物，狼主要猎捕患病的和虚弱的动物，它这样做无形之中就给该地区动物的健康作出了贡献。

因此，科学研究越进步，它就越多地揭示出这样一个道理：自然的所有部分，都是在一个单一而全面的体系中相互联系的部分。其实，当我们带着自己的情绪去看待自然现象时，我们时常感到自然可能比较残酷。而实际上，一种动物被另一种动物吃掉，反倒保证了整体系统的和谐与健康。其实，在我们自己的体内，每分钟亿万个细胞要死亡，同时将有亿万个新的细胞诞生。这正是生命延续之必需！

生命机体中细胞的和谐

我们在每一个多细胞的机体中都可以看到一种吸引人的现象。如果我们将每个细胞作为一个单独的单位来检验，就会看到它运行起来很自私，只为它自己着想。然而，当我们将它作为系统的一个部分来检验时，这个细胞似乎只按照维持其自身生存所需要的最低标准去索取，它的大量行为都是在为整体服务。细胞的表现就像一个"利他主义者"，它"考虑的"只是全身的健康，而且会做出相应的行动。

身体内的所有细胞必须保持完美的和谐。每个细胞的细胞核中都包含有汇聚了全身信息的遗传密码。从理论上来讲，这是重新创造整个身体所需的信息。

体内的每个细胞必须意识到全身。它必须知道身体需要什么，以及它能为其做什么。如果不是这样的话，身体将无法存活。体内的每个细胞都在为整个身体"着想"的状态中存在。细胞的所有活动、它的裂变的开始与终结、细胞的规格以及朝着体内某一位置的移动，所有这些都顺应着身体的需要。

密切联系造就了崭新阶段上的生命

即使我们体内的所有细胞都包含着相同的基因信息，但每一个细胞仍然按照它在体内的位置与功能，将那些信息的不同部分付诸行动。当胚胎刚刚开始发育时，它所有的细胞都一样。但随着胚胎的逐步发育，细胞就变得各不相同，而且每个细胞都具备一种特定的品质。

这样一来，每个细胞都有它自己的"头脑"或"意识"，而细胞之间利他的密切联系，能让它们创造出一个新的肌体，这个肌体的思维与意识达到了更高的阶段，不会局限于这个那个细胞中，而会存在于它们的结合之中。

利己的细胞就是癌细胞

健康的细胞被各种各样的规则与限制所约束。然而，癌细胞却根本不管这些约束。癌就是一种身体被其自身的开始无拘无束地扩散细胞所消耗的状态。在繁殖的过程中,一个癌细胞会在体内持续不断地进行分裂活动,丝毫不顾它所生存的那个环境的需要,而且对身体发出的指令置若罔闻。

癌细胞摧毁了它们的环境,从而为它们自己的生长制造了空间。它们迫使临近的血管出现肿块,以便它自己能汲取营养,进而让整个身体为它们自己服务。

简而言之,癌细胞借助自私自利的举动造成身体的死亡。它们就是以这种方式来运作,即使这样做根本不会给它们带来任何益处。实际上,对癌细胞而言,事与愿违,当身体死亡时,充当它的刺客的癌细胞也随即死亡。癌细胞在体内反客为主的自私行径,导致了自身的灭亡。由此可见,当自私自利不断滋长时,它会致使一切(包括它自己)走向灭亡。自私的行为和漠视整个身体的需求,让它们注定死路一条。

个人对集体

在一个健康的身体内,细胞在必要的时候,甚至会"放弃"自己的生命,以维护身体的存活。当基因错误发生在健康的细胞中时,并出现这些健康的细胞转变成癌细胞的可能性,细胞则会激活一种将会让它自己送命的机制。健康细胞由于害怕自己会变成癌细胞,进而危及全身,因此会为保全身体的生命而献出自己的生命。

我们可以在不同的境况中,发现类似于细胞黏菌生存方式的利他行为。在理想的境况中,黏菌以独立细胞的形式生存,它为自己提供食物,而且独立繁殖。然而,碰到食物短缺时,细胞就连接起来,创建一个多细胞体。但在建立这个多细胞体的过程中,其中的一些细胞为了促进其他细胞的成活,主动放弃了它们自己的生命。

帮助其他同类

研究灵长目动物的专家弗朗斯·德·威尔(Frans de Waal)在他的著作《良好本质》(《Good Natured》)中列举了更多发生在自然界的无私利他的实例。他告诉我们说,在他进行的一项实验中,两只猴子被一面透明的隔墙分开,这可以让它们都能看见对方。他给这两只猴子提供食物的时间各不相同,而他发现先拿到食物的那只猴子,曾试图将手中的食物通过透明的隔墙送给另外一只猴子。

通过观察发现,当其中的一只猴子受伤或致残时,其他的猴子在变得更加警惕的同时,还会更多地关心那只猴子。一只跛脚的母猴在恶劣的气候中竟然生活了长达20年,甚至还养育了5只后代,这多亏了其他猴子给予的帮助。

另一只在智力和身体方面发育迟缓的母猴在她姐姐的帮助之下活了下来,她的姐姐长期背着她,而且处处保护她。一只失明的母猴得到了众多公猴提供的特别保护。一只公狒狒在弟弟癫痫发作时,就站在弟弟身旁,将他的双手放在弟弟胸前,并坚决阻止想给他弟弟检查身体的护理员靠近。

其他动物的行为也非常相像。海豚碰到同伴受伤时,会用身体将同伴托起来,让同伴一直贴近水面,以防同伴被淹死。大象会成群地围拢过来,帮助其中一只在沙滩上奄奄一息的大象。它们使出全身的力气,用长长的象鼻和象牙放在那头大象的身下,将它高高地托起来。有些大象在用力托起同伴的过程中,甚至将自己的象牙折断。最后,为防止那只被偷猎者的子弹击中肺部的母象从空中摔到地上,几只伙伴弯下身子,从下面驮着它。

动物共同生活的社会

动物世界为我们展示的公共社会引人注目,在这样的社会里,每只动物都为了造福全体动物而努力。这样的社会包括蚂蚁、哺乳动物和鸟类群体。

生物学家阿维沙格(Avishag)和阿莫茨·扎哈维(Amotz Zahavi)研究了阿拉伯鹛的公共生活。阿拉伯鹛是一种歌鸟,人们在中东地区的干旱地带发现了大量的这种鸟。他们描述了许多无私利他的现象。阿拉伯鹛习惯群居,在守卫它们的领地方面相互合作。许多阿拉伯鹛常常住在领地内的一个巢穴里。当别的鸟在吃食时,一个鸟总在那儿为它们放哨,尽管它自己也很饥饿。发现食物的阿拉伯鹛在自己吃饱前，会将食物提供给它们的朋友。它们还给鸟群中其他鸟的孩子喂食，并且设法满足它们的每种需求。当一个捕食者接近鸟群时，阿拉伯鹛会用短促的尖叫声报警，提醒它们的成员危险正在降临，即使它们这样做会让自己暴露在危险之下，它们也在所不惜。它们还会冒着生命的危险，去救一个已被捕食者逮到的成员。

相互依存

科学研究已发现了许许多多相互依存的例子。有一种名叫丝兰的植物就是这样一个例子。丝兰与蝴蝶形成了一种相互依存的关系。雌蝴蝶会将一株丝兰花的雄蕊上的花粉，准确地传播到另一株的花柱上，从而帮助丝兰花受精。随后，雌蝴蝶便将它的卵产在丝兰花的花籽生长的地方。当幼虫孵化出来时，它们以丝兰花的小芽为食物来源。然而，它们会在丝兰花上留下足够多的小芽，以便丝兰花能够得以繁衍。靠着维持这样一种关系，丝兰花和蝴蝶都保证了各自种群的繁衍。

没有贫穷和匮乏

西奥多·C·伯格斯特龙（Theodore C. Bergstrom）教授在2002年写的一本文集中解释说，在一个没有人类的环境中，动物依照有益于环境的标准生存，而不是依照我们通常认为的"适者生存"法则生存。在这样一个社会中，动物维持着一种平衡的存在，而且动物的密度总是顺应当前的生存条件。这样的社会从不会出现任何短缺，而且哪个地方也不会产生贫穷和匮乏，即使偶尔发生一次"事故"，动物社会也会尽可能快地将它纠正。这个社会坚持将每位成员都安置在最理想的生存境况中，并让环境资源得到最佳利用。

在自然界，一切都走向统一

自然的进化证明，世界变为一个地球村的过程并不是偶然的巧合。相反，随着文明一步步地向和谐进化，它成了一个自然的阶段。

按照进化生物学家伊丽莎白·赛图里斯（Elisabet Sahtouris）的观点，在这个过程结束之时，将会产生一个完整的体系，它的各个部分密切联系，相辅相成。2005年，伊丽莎白·赛图里斯在东京的一次会议上演讲时，明确指出进化是由个人化、冲突及竞争这几个阶段构成的。在这几个阶段的终点，各个元素团结成为一个单一的、和谐的体系。

她将地球上生命的进化过程用作一个例子。亿万年前，地球上只生活着细菌。细菌四处激增，进而开始为获取自然资源，如食物和领地，展开竞争。后来，一个新的实体——细菌群体——形成了，这个群体更好地适应了环境条件。

一种细菌实际上就是一个作为单一机制的细菌群体。借助这些规则，单细胞生物开始进化，并变成了多细胞生物，最终形成了植物、动物和人的复杂躯体。

每一种元素都有私自的利益。然而，进化的实质在于带有私自利益的元素团结成一个单一的躯体，而且为着这具躯体的共同利益而发挥着各自的作用。伊丽莎白·赛图里斯将人类目前正在经历的这个过程，视为形成人类家庭必须迈出的一步。这里所说的人类家庭，就是一个社会，只要我们作为这个社会的健康部分，为它发挥着积极作用，那么它必将保障我们所有人的利益。

这样一来，如果我们彻底地检验一下自然的元素，就将看到利他主义是生命的基石。每一个生命体和每一个系统由一群集合在一起的细胞或部分构成，这群细胞或部分共同合作、互为补充、相互帮助。它们彼此分享，依照"个体为了全体"这一利他的法则而生存。当我们深入探讨自然时，我们发现越来越多的例子能够反映出自然界的互为支撑的联系，自然的普遍法则就是"在利己的元素中形成了利他的密切团结。"

自然以这样一种方式设计着生命：为了建造一个有生命力的躯体，每一个细胞都必须无私地对待其他细胞。自然创造了有规律性：细胞和器官以形成有生命力的躯体必须彼此之间建立起利他的关系。由此可见，创造并维系生命的力量的确是利他的，给予和分享的。它的目标就是创造一种——建立在利他、和谐以及各个元素保持平衡的基础之上的——完美生活。

第十一章

破坏平衡

噢，人啊！不要再四处寻找邪恶的元凶了，你就是那个元凶。
——卢梭（法国思想家、文学家）

除了人类的自私，自然的一切元素都依照利他法则运作。它们与其环境保持着平衡，并且创造了和谐的体系。当这种平衡被破坏时，机体开始分崩离析。由此可见，重建平衡的能力，是生命存在的必要条件。

实际上，身体将它全部的保护能量都花在保持平衡上面。当我们谈到一个强健的身体或一个虚弱的身体时，我们指的是它维持平衡的能力。维持平衡要求每一个元素作为整体系统的一部分，都应该无私地运转，这为自然界广泛的和谐与完美奠定了基础。倘若某种元素不遵从生命的利他法则，它就会破坏这种平衡。因此，利他与平衡这两个术语以一种因果方式相互交织。

在除了人类之外的所有生物中，都有一种"平衡软件"，它可让它们在任何时刻为维护平衡挺身而出。其他的生物总是知道要做什么，因此不会遇到因在不稳定、不熟悉或新的局势中犹豫不决而出差错。它们没有随意行动的自由，显然不能改变自然的平衡。人类是唯一没有安装这种"平衡软件"的生灵。

因为从我们出生时起，自然并没有赐予我们足够的知识或本能，来让我们与自然保持平衡，所以我们并不明确如何在人类社会中做出正确举动，比如，我们无法确定如何同周围的人们保持平衡。平衡状态也是最幸福的完美状态，在这种状态下，一切都十分和谐，不需要制造抵触或立起一道防护墙。

"平衡软件"的缺失，导致我们的社会进化列车朝着自私自利的方向前进，而且每经过一代人，这种现象就变得越严重。于是，人为了满足自身追求快乐的愿望，不去考虑他人或其他生物的生存。我们并不像自然界的其他生物那样，渴望无私地与他人团结起来，因而我们都不知道倘若我们一直坚持无私利他，就能够找到我们梦寐以求的那种完美的愉快。

如果我们审视自身，将会发现我们的确只考虑我们自己的存在。我们与自然界万事万物建立的所有关系，都只是为着"改善我们自己的状况"这一目的。为了让我们的生活得到哪怕只是微不足道的改善，我们甚至愿意眼睁睁地看着对我们没有什么用处的人们彻底消亡。

除了人类之外，没有哪种生物会大肆洗劫它周围的一切。没有哪种生物会从压迫其他同类中获得满足，从其他同类的痛苦中获取快乐。只有人才会将自己的满足建立在别人的悲伤之上。有句著名的谚语说得很好：在一个吃饱了的狮子旁边走，远比在一个吃饱了的人旁边走更安全。

一代又一代经常以牺牲他人为代价滋长的自私的目标，与自然的基本目标——为万事万物提供一个最佳的生存环境——形成了鲜明的对比。这就是为什么人类的自私自利是世界上唯一有害的力量，是打破自然完整体系中那种平衡的唯一力量。

耶胡达·阿斯拉格在其文章《世界和平》中写道："世界上所有人的共同之处表现在人人都时刻做好准备，为了一己私利而不择手段地利用其他所有人，根本不考虑在亲朋有崩溃之上建立自己。"而且他还补充说："人感到，世上的所有人都应该归他统治，为他的私利服务。而且这是一个无法被打破的规则。唯一的不同表现在人们的选择不同。有的人利用他人，是为了满足自己庸俗的欲望；有的人利用他人，是为了获取权势；有的人利用他人，是为了赢得尊重。此外，倘若一个人不费多大劲就可做到的话，那么他就会打算利用全世界来一举三得：获取财富、权势和尊重。然而，他被迫要按自己的能力和才能去做出相应的选择。"

比较有意思的是，为了铺设一条通向平和人生的道路，我们必须首先透彻了解我们自私自利的本质。实际上，耶胡达·阿斯拉格指出，我们的利己主义不断滋长并非偶然，这一点无可辩驳。利己主义滋长让我们清晰地看到我们距离现实的普遍法则，距离利他主义则还是多么的遥远。要知道，利他主义法则是我们生命的基石，它可引导我们弥补这种差距。

自我主义滋长的目标，就是要让我们充分认识到，我们的利己主义（只想以牺牲他人为代价来为自己接受）与自然无所不在的力量（其品质就是利他、爱与分享）背道而驰。从这里开始，我们就将"人类与自然力量背道而驰的行径"称作"与自然不平衡"，或简单称作"不平衡"，并将"获得利他的品质"称作"与自然平衡"。

什么给予我们快乐

正如我们前面所讲，我们的愿望被分为生理的生存的愿望和人类社会愿望。为了解究竟是什么导致我们与他人关系失衡，我们先将论述的重点放在人类社会愿望上面。

人类社会愿望可被划分为三个主要类别：对财富的渴望、对荣誉和权威的渴望、对知识的渴望。这些类别象征着一切一能出现在我们内心的一非生理的愿望。它们之所以得到"人类社会愿望"这样一个称谓，原因有两个：1.这些都是一个人从社会上"吸取"过来的愿望。如果我们独居，我们不会渴望这些东西。2.这些愿望只能在社会里实现。

更准确见，我们应当说明人类生存之所需被叫做"生理的愿望"，而它之外的一切渴求则被称作"人类社会愿望"。我们可以监测一下自己如何利用对生存必需品之外的那些东西的愿望。而实际上，这也是此类愿望在我们内部演化的原因所在。

在我们每个人的自身内都有一种不同的"人类社会愿望"的混合，这种由多个愿望交融而成的混合在我们的一生中不断地变化着。一个人可能更渴求财富，另一个人可能更渴求荣誉，而第三个人可能更渴求知识。他们每个人都代表着不同种类或不同层次的愿望：

?箁 财富标志着一个人对占据、对拥有的渴望。它是一种想要得到整个世界、让世界属于它的愿望。

?箁 荣誉是一种更高层次的愿望。人不再像孩子那样，想"抢占"一切，而是认识到在自身之外还有一个广阔的世界，而且愿意穷毕生之努力来赢得外界的尊重。这样的人甚至甘愿为赢得尊重而付出代价。

对金钱的渴望要比对荣誉的渴望更为原始，它是一种攫取一切并据为己有的愿望。然而，对荣誉的渴望则对排斥他人不感兴趣。渴望荣誉的人反倒极力去寻求权势，力争出人头地，能够赢得别人的尊重。既然如此，荣誉则代表着人内心将世界作为尊重他的身外之物的那种愿望。

?笥 知识及对知识的渴望，代表着一种更大的、寻求权威的愿望。这种愿望促使人们去获取知识，了解现实中的每一个细节，懂得事物是如何发展的，甚至知晓如何操纵自然和他人，来为自己的利益服务。这种愿望表明人们想借助才智去控制并支配所有一切。

我们除基本生存的需要之外的每种愿望，实际上都源自社会。只有对社会而言，我们才能衡量我们是否成功地满足了这些愿望。前面提到过的心理学家丹尼尔·卡赫曼教授所进行的研究表明，当人们被要求去量化自己的幸福感时，他们主要依靠社会标准来进行评估。

该项研究还表明，我们的幸福很少源于我们所拥有的那一切，更多地源于将我们自身境况与周围那些人的境况进行对比的结果。这也是当我们变得更加富有时，我们的幸福感却没有上升的原因所在。当我们挣钱比较多时，我们会拿自己同越来越富裕的社会做比较。

这样一来，我们可以确定自己究竟是幸福或者是不幸福的唯一途径，就是将自己与他人对比。倘若另外一个人取得了成功，我们就心怀嫉妒。在我们的内心深处，有时甚至公然表露出我们想看到他人落败。这是一种无法控制的、不由自主的反应。当他人失败时，我们之所以感到高兴，是因为这立刻相对地提升了我们的地位。

其实，人类那些超越肉体需求的快乐，取决于我们对待他人的态度，以及我们如何看待自己与他人的关系。让我们感觉良好的，并不是我们获取的成果，而是我们高人一等的优越感、社会声望、自尊心以及社会赋予我们控制的权力。

这种对待他人的利己态度，在我们与自然的普遍法则—利他的法则—之间制造出了不平衡。我们的利己主义渴望高人一等，以牺牲别人来获取自己的快乐，脱离别人，这都与自然一力促它的所有部分以利他的基础团结一的做法格格不入。因此，利己主义成了一切痛苦的祸根。

自然的有些法则的的确在影响着我们，即使我们并不了解它们。这是因为自然法则是绝对法则。如果人违反了其中一条法则，那么这个人在整个规则中出现的偏离将会反作用于他或她，并且迫使他或她回过头来遵循法则。

我们已经了解到大多数静止层次、植物层次、动物层次及人体内运转的自然法则。然而，在人际关系中，我们却错误地认为并没有法则。实际上，当我们仍然处在某个层次中时，我们无法理解该层次的法则。只有当我们从一个更高的层次观察时，才会意识到这些法则。这就是为什么我们没能清楚地看到我们对待他人的自私行为，同我们生活中的消极现象存在着明显的联系。

正确利用利己心

利己主义制造了自然的不平衡，但这并不意味着我们需要废除自我。我们只需要纠正利用它的方式。纵观历史，人类曾尝试过数不胜数的方法，想要消除私心杂念，或者人为地减少私心杂念，以便实现平等、关爱和社会正义。革命与社会变革接连不断，可一切还是以失败而告终，这是因为只有通过正确地将接受的全部力量，同给予的全部力量结合起来，方可获得平衡。

在前面的一章中，我们看到适用于一切生命机体的普遍法则，就是利己元素之间的利他联系。这两种相互矛盾的元素—利他主义与利己主义，给予和接受—存在于每一件事物、每一个生物、每一种现象和每一个过程。

在物质层次上、情感层次及其他任何层次上，你总能发现两种力量，而不是一种力量。它们互为补充，相互平衡，并以多种多样的方式显现出来：就像电子与质子，负极与正极，排斥与吸引，酸性与碱性，憎与爱。自然中的每一种元素都同支撑它的体系保持着一种互补关系，这些关系包括和谐的给予与接受。

自然渴望带领我们走向完美，收获无限的幸福。因此，自然已在我们的内部根植于追求快乐的愿望。没有必要去取消利己心；我们需要做的只是改正它，或者更准确地说，改变我们利用享乐愿望的方式，让它从利己的道路上转移到利他的道路上。

正确的进化，使用了我们自身内享乐愿望的全部力量，只不过是以改正后的形式来使用它。此外，既然利己心是我们的本性，我们也不可能对抗它或无限地制约它，因为那会致使我们同自然作对。如果我们试图要那样做，那么我们必将发现我们无法做到那一点。

尽管我们的现状并没有显示出自然希望我们获得快乐，但这只是因为我们的利己主义不像自然中的其他任何层次那样，尚未走完它们的发展进程。

耶胡达·阿斯拉格在他的文集《宗教的实质及其目标》中，是这样解释的："纵观展现在我们面前的所有自然体系，我们懂得四种类型—静止、植物、动物及人类—中的任何一类无论从总体上还是在个体上，都可让我们从中发现一种宗旨明确的指导，也就是根据因果法则日渐成长。这类似于树上结的果子，这种法则指导它一天天地长大，最终长成又甜又好看的果实。不妨前去请教一位植物学家，果子从刚长出来开始算起，直到它最终完全长熟，这需要经历多少个阶段。它在成长阶段非但没有显露出又甜又好看的最终结果，似乎让人烦恼的是，它显露出来的雏形，与最终的情形恰恰相反：果实最终长得越甜，它在早期的生长阶段就越苦。"

实际上，任何生物在达到其最终形式之前，体现不出自然的完美。就拿人类来说，我们现在的状态，并不是完全的、最终的状态。这就是为什么我们的状态看似消极。然而，就像树上的果实一样，我们自身之内没有任何需要去毁灭的东西，否则自然一开始就不会将它置于我们之内。

自我主义的力量非常奇妙。它引领我们走到今天这个地步，而且多亏它，我们将达到自己完美的状态。正是利己主义推动着我们前进，并促进了无限的进步。没有它，我们不可能发展到今天这样一个人类社会，我们也不可能与动物存在着根本的差异。最后，还是多亏利己心，我们现在已不再愿意满足于短暂的、熟悉的欢乐，而是希望获得它之外的欢乐。

诀窍在于找到一条使用自我主义的最佳、最明智的途径，朝着与他人"利他地"团结这一目标不断进步。

而能让我们做到这一点的方法，就是卡巴拉的智慧。这也是它的名字的本意。卡巴拉意指"接受"。因此，卡巴拉的智慧就是如何以完美方式，接受完美快乐的智慧。

卡巴拉并不要求我们压抑我们天生的利己动机。恰恰相反，卡巴拉承认它们的存在，并阐释了我们如何能够最好地、最有效地使用它们达到完美。

在我们进化期间，我们需要将我们内在的意向和元素和谐地整合起来，并在整个进化过程中利用它们。例如，我们通常认为嫉妒、激情和名誉是贬义词。甚至有句著名的格言是这么说的："嫉妒、激情和名誉令人脱离这个世界。"

然而，人们对这句格言的深层意义并不熟悉。嫉妒、激情和名誉让我们脱离的，就是这个世界；而它们带我们去的，则是精神世界——自然的更高阶段。然而，这儿有一个条件：只有当我们将这些本性的意向引导到一个积极的、有益的方向，让我们能同自然的利他力量保持平衡，上述情况才会发生。

将危机作为恢复平衡的良机

英文中的"crisis"（危机）一词在汉语中用"危"和"机"来表示。"危"代表着危险，而"机"则代表着机会。在一场危机中，既要意识到危险，又要认识到机会。
——约翰·F·肯尼迪

自然可求平衡。它的所有行为都是为了给每一部分带来平衡。比如，地球深层的压力不断积聚，直到有一天地壳无法平衡它时，火山就爆发了。接着，地下的巨大压力得以释放，这样一来，地下压力与地表压力便保持平衡。这就是自然去平衡失衡状态的一种方式。

物理和化学定律告诉我们，物质或物体运动的唯一原因就是寻求平衡。为了达到这种平衡，自然创造了诸如压力均衡、浓度、温度、流向最低处的水、冷热的传播之类的现象。用科学术语来讲，平衡状态被称为"homeostasis"（在拉丁语中，homo 的意思是"同样的"，而 stasis 的意思是"状态"）。平衡状态就是现实中的一切万物都要达到的状态。

然而，在人类层面上，稳态需要有意识的参与。这就是为何只要我们未能意识到利己的待人态度既伤害我们自己，又伤害这个世界，我们就无法对自己的行为负责。自然反倒通过让我们看到失衡状态，从而助我们一臂之力，进而现在正引领我们应对自我主义进化过程中出现的广泛危机。

这场危机的目的就是让我们认识到我们正走在错误的道路上，而且必须改变路线。由此可见，危机并不是一种惩罚，而它旨在带领我们走向完美。

事实上，在这个世界上并没有惩罚，这是因为我们生来就是利己主义者，而且这并不是我们的过错。这个世界上所存在的一切，都是演变我们的手段。

我们必须牢记，人类——从本质上讲是一种享乐的愿望——如果没有欠缺感，就一点也不能前进。换句话说，我们只会由于愿望得不到满足而前进，因此我们只寻求未来的满足。当我们缺少某种东西时，当我们感到不满意时，我们感到痛苦，并且开始寻找解决方案。就这样我们不断地进化和前进。

自然有意地将"过错"植入我们内部，而危机则是这些"过错"的紧急显现。这些"过错"允许我们依靠自己去"改正"它们，从而我们提升自己。在过去，在千百年前，当人类遭受痛苦时，人类并不懂得为何要如此。如今，我们乐意了解其中的原因，并且明白痛苦磨难正好指引着我们去培养无私利他的品质——自然的爱与给予的品质。这就是为什么自己可以"询问"一位当代的人："你对所赐予的是否做出了正确的反应？"如今，自然让我们遭受痛苦的同时，也允许探究痛苦的缘由。

直到今天，我们还一直在用一种非常直率的方式对待自然：自然通过激发我们的愿望，促使我们进化；而我们通过不计其数的途径——通过文化、教育、科学和技术——加速进化。

然而，今天我们突然之间陷入了僵局，而且我们被迫停下前进的脚步，认真检验自我。其实，这正是我们获得检验内心愿望的能力的重要时刻。因此，从这一刻起，我们必须全力继续这项检验。我们不能再继续研究如何更好地运用自己的愿望，我们必须开始思考我们的愿望，并从一个全新的角度去回顾它们。我们不得不开始提问："我在用自己的愿望做什么？而且为了什么？"我们每个人都被要求去检验自己。

其实，自然的力量是一种稳定的、利他的力量。它永恒不变，而且一直在促使我们同它保持平衡。依照深深印在我们心中的"程序"，的确在改变着、滋长着的唯一事物，就是我们的自我主义。利己主义与自然力量之间的增长的相反加剧了不平衡，而我们从中体验到的就是压力、不适、痛苦，以及其他消极现象和危机。

这种压力的强度，取决于我们失衡的程度。在过去，痛苦与不幸反倒更少，就是由于自我主义刚刚抬头。今天，我们发现它每天都在滋长。

由此可见，我们依照与自然失衡的程度，独自决定着我们所体验到的痛苦与幸福的强弱。也就是说，我们没有成为一个完整体系的组成部分，这就是一切痛苦的真正原因，也就是一切困境与危机的根源。

当我们将个体的和集体的所有表现出的危机，同人类利己主义——即体系失衡的原因——连接起来时，我们就能够朝着解决危机的方向迈出关键的一步。倘若与痛苦结伴而来的是对痛苦根源的了解，倘若遭受痛苦的目的被感知到了，那么这样的痛苦是有益的，因为它们成了进步的推动力。

因此，危机并非是走投无路，而是一种更为进步的人类进化状态，而其最初的表现就是现状的否认。然而，倘若我们改变自己的态度和意识，并从一个不同的角度看待这一点，我们将会明白现在看似危机的那种情形，实际上是一个良机。

第十二章

遵循自然规律

倘若目标本身没有被正确地设定，那么人们便不可能沿着正确的道路前进。
——弗朗西斯·培根（Francis Bacon）

人生目标

　　运作及维系自然的普遍力量就是利他的力量。这种力量迫使自然的各个部分作为统一的躯体的器官，平衡、和谐地存在着。当这些部分达到这种状况时，它们便形成了一个被称为"生命"的结合。这种结合存在于除人类层面之外的其他所有层面。因此，人类毕生的目标要就是独立地创造这种结合，而这恰恰是自然驱使我们要成就的事业。

　　这种结合借助无私待人的态度来获取，并在对他人福利无微不至的关心中得以表露。这种态度之所以会为我们带来欢乐，是因为通过创造与他人的这种亲密无间的关系，我们能够同无所不包的自然规律保持均衡，并与自然完全融合为一。

　　我们人类是宇宙间唯一不在互为补偿的团结中行动的生灵，而这正是我们无法感触"生命"的原因。尽管从表面意义上来讲，我们确实"活着"，但将来我们会发现"生命"这个术语，实际上指的是一种完全不同的生存模式。

　　通向实现人生目标的道路，包括了很长一段自我主义进化之路，这个进化阶段持续几千年。当我们走完这个进化阶段时，就会从"自我主义将给我们带来幸福"的观念中醒悟过来，并且发现自我主义的滋长，正是我们所遇到的每一个困境的祸根！

　　接下来，我们必须意识到我们都是一个体系的组成部分。我们需要依照利他法则来看待他人，与他们团结起来，成为人类这机体的兼容器官。

　　在刚刚开始的时候，我们只是为了逃避现实生活中的问题才这样做，我们很快能得到的回报就是从人生每个领域的痛苦中解脱出来。我们还会对人生的意义和实质有一种全新的感觉。然而，开始这个进程之后，我们将会发现自然为我们制定的计划，远不止让我们生活便利。否则，自然植入动物中的那种"平衡软件"——利他的品质，也会被植入我们自身。

　　可实际上我们的本质是自私自利的，仅仅是为了让我们理解，利己心的现有形式对我们是有害的，因为它与自然的品质背道而驰。在独自寻求平衡的过程中，我们渐渐认识到利他主义——爱与给予的品质的优点。

　　正如我们前面所讲，自然中的每个元素都本着"造福它所在的体系"这一原则来运作。然而，这种均衡的存在是本能的、属于物质层面的。人与自然界其他层面的万事万物的区别，就在于人会思想，而且思想之力是现实中最强大的力量。

　　思想之力超越了一切无生命的力量，比如重力、静电力量、磁力和放射力。它还超越了在植物层面上促进成长与进化的力量，超越了促使动物趋利避害的那种力量。思想之力甚至超越了人类私欲的力量。

　　这样一来，处在静止、植物及动物层次上的自然元素对体系良好的态度属于物质层面。

而对于人类来说，要求人类改正的那个层次，就是思想及对待他人的层次。大约在两千年前，由卡巴拉学者西蒙·巴·约海（Shimon Bar Yochai）所著的、最主要的卡巴拉书籍之一《光辉之书》中，是这样阐释的："一切都在思想中被澄清。"

我们对同他人团结的内在抵触，就是我们利己主义的一种表露。利他主义与其正好相反；它是人的一种源自人的思想和愿望之中的，会让人像对待自己那样去对待别人的内在的行动。由此可见，为了在我们与自然的利他法则之间实现平衡，我们就需要达到一种更高的状态，那时我们就渴望从善待他人中获得快乐，作为整个体系的部分享受团结，而不再想利用和支配他人。

将快乐的源泉从自私自利转变为无私利他的过程，在卡巴拉中被称为自我主义的Tikun（改正），或者简单地称为Tikun。这个过程取决于在我们自身内培养一种新的愿望，一种获得无私品质的愿望。

为了在改正的过程中取得进步，我们必须利用思想之力。耶胡达·阿斯拉格在他的文章《思想是愿望的成果》中解释说，我们追求快乐的愿望，决定了我们内心将考虑什么。

比如，他指出，我们不会考虑与我们的愿望相矛盾的事情，如我们死亡的日子。我们只会考虑我们渴望的事情。而愿望产生了思想，而且促进了有利于那种愿望得以实现的思想的出现。

然而，耶胡达·阿斯拉格接着说，思想也有特殊的能量：它可以在相反的方向来发挥作用。也就是说，思想能增强愿望。如果我们有了一个微小的获取某件东西的愿望，而且如果我们去考虑这件东西，那么该愿望也随之增强。我们越多地考虑它，愿望就增强得越多。

这种能量制造了一个强化圈。在这个强化圈中，不断增强的愿望强化了思想，而思想回过头来不断地强化着愿望。运用这种机制，我们对自认为重要的东西产生了强烈的渴望；虽然这愿望与其他无数的愿望相比显得很微小。这样一来，我们能让获得无私品质的愿望，成为所有愿望中最伟大的愿望。

这会引发这样一个问题："倘若我们渴望无私地与他人团结，但这愿望并不是我们内心里最强烈的愿望，我们如何才能强化它呢？毕竟目前我们心中有许许多多的愿望，而且也有一些强烈的愿望，它们看起来更实际，更让人感受到，甚至我们要去考虑的就是它们。"或者更为简练地说："我们如何才能转运'思想—愿望—思想'的这一轮子呢？"

我们社会环境的影响，在这儿就该登场了。如果我们懂得如何去在自己的周围营造一个适当的环境，那么这个环境将充当——能增强我们获得无私品质的动力的——新愿望和新思想的源泉。由于社会环境对每一人进化十分重要，所以我们将在下面的两章里深入探讨这个话题。

我们该做什么

我们需要开始思索与自然力量保持平衡的益处，并认识到美好的未来依仗这种平衡。我们必须一心想着成为一个——包含全人类的——完整体系的组成部分，而且开始在这种思想指导下同他人交往。

正确的、利他的对他人的态度意味着我们要将自己的意图、思想和关心，导向他人的健康与幸福。当我们的心思旨在考虑他人时，我们会希望人人得到他们生存之所需。然而，除了物质层面的幸福之外，我们还应该将自己的思想之力，集中用在提升他人的意识水平。我们必须想让每一个人都觉得自己是整体的一部分，并发挥相应的作用。

想要这样去做，需要在思想领域忙于"内在的工作"。很重要这样去想，而且永远不要将这一念头遗忘。我们应该将这样的思想放在极其重要的位置，因为我们的福利都取决于它们。正是借助它们，我们才免得遇到问题，陷入困境。最初，这可能看起来比较抽象，但美好的未来确实仰仗它们，也只有仰仗它们。

除了在思想层面上坚持无私地对待他人及世间万事万物的态度之外，我们还可以为他们做出无私的利他的行动；我们可以与他们分享自己掌握的"人生目标及如何实现它"的知识。倘若我们将这些知识传播给别人，而且他们和我们一起意识到存在的问题；倘若他们有同样的想法，而且在如何解决问题上与我们思路一样，那么我们就促进了整个体系（我们每个人都是它的一部分）的积极变化。这样一来，我们的意识会更加强化，而我们将立刻体验到生活中发生的积极变化。

改变了待人态度的个人，将会引发全人类的变化。实际上，我们可以用下面的方式来描绘个人与人类之间的关系：你和全人类都是一个体系中的组成部分。然而，人类的其他成员完全依仗你作用于他们的方式。整个世界就把握在你的手中。现实就是这样为每一个人安排的。

为了理解其中的道理，让我们画一个大约70亿层的立方体，这代表地球上大约70亿人。每一层代表一个人，而且该层由这个人来操控。在每一层内都有70亿个细胞，其中一个就是你。其他的细胞象征着其他的人被吸纳在你自身内。自然的单一体系就是这样被建成的。换句话说，每一个人都整合在所有其他人中。因此，我们大家都密切相连。

倘若你能够改正对你这一层中至少一个其他细胞的态度，你就唤醒了他身上的你那一部分。这就给那个人带来了一种积极的变化，让他也渴望去改正他对别人的态度。

那种变化影响的决不只是一个人。它影响着那个人的整个层面，包括所有其他那个人整合在一起的细胞。此外，其他的每一个细胞在这个立方体中都有它自己的层面，那一层面现在也被唤醒了。

实际上，当一个人改正自己的待人态度时，这会引发一连串事件，并让所有人的意识在不知不觉中产生积极变化。立方体各个层面之间的这种互动，促使全人类拨乱反正，融为一体。

我们应该记住，人类目前与利他的自然处于矛盾状态。因此，即使我们做出了非常微小的改变，也让人类朝着自然均衡的目标迈出了微小的一步。增强平衡意味着减少失衡，随之而来的是消极现象的减少。

尽管那些尚未改正自己待人态度的人们不会感觉到它，但那些引发了这种变化的人们会立刻感觉到。因此，为了增强"我们是整个体系中的一部分"这种意识，我们越多地去追求这些思想和行为，便越快地感觉到我们生活在一个受人欢迎的世界，一个充满快乐的美好的地方。

伟大的卡巴拉学者、亚伯拉罕·伊萨克·哈科恩·库克（Abraham Isaac HaCohen Kook：在其手稿的第60页）是这样描述人类的思想之力及其对现实的重要影响的："人们需要努力以感受到生命的力量和思想之力的现实，以知道观念的威力和生活的强力，并了解思想真正的力量。借助意识，我们能够懂得思想越升华、精练和擦亮，人类和世界就越升华、精练和擦亮。现实的方方面面总是听命于思想之力，它们的上升或降落，取决于人类思想之力的上升或降落。"

当人的思想升华时，他或她通过纠正自己的待人态度而得到回报，他或她有了新的渴求：

? kesef（金钱）源于 kisuf（渴望）这个希伯来语的单词。这涉及一个人想他人之所想，关心他人，这很像妈妈呵护自己的孩子，并从满足孩子的需求中获得快乐。

? 尊重——一个人尊重每个人，并将他们当成自己的伙伴来对待。

? 知识——一个人渴望向每个人学习，以便懂得他人的需求，与他们团结一致，进而与自然达到平衡。这样一来，这个人便可领悟和感知围绕现实的利他思想：自然的思想。这是一扇通向自然的最高阶段—完美—的大门。

看似困难、实则容易

我们要在改正过程中，将获取快乐的来源从利己地享受转变为利他地享受。一开始时，改正过程似乎比较复杂。但现实却与它给人的第一印象大相径庭。耶胡达·阿斯拉格在其文章《世界和平》中指出："看第一眼时，这个计划似乎是想象的、超越人本性的事情。但当我们深入钻研它时，从"为自己接受"到"给予他人"之间的矛盾，实际上只是一个心理上问题。"

"心理上的矛盾"这个术语并不是说它是一个需要（特定治疗法的）治疗专家解决的问题；相反，它表明这个问题涉及我们心中对如何获得快乐的态度。我们习惯于从自私的满足中得到快乐，并且难以接受存在着其他获得快乐的方式。

顺应未改正的利己心看似比较容易：只需在生活中随波逐流，图个清闲自在，对人生怀着"que sera sera"——顺其自然的看法。可实际情况却截然不同。尽管我们没有意识到这一点，但是我们的利己心——我们那么信任和依赖的对象——并不是真正的"我们"，可我们还总是指望它将我们带入最佳状态。自我主义就像一个独裁者，统治着我们的内心世界，让我们满足它的需求。我们只是习惯性地认为这些需求是我们的需求，我们的利己心在努力造福我们。

我们需要认识到，这种自我根本不管我们是否乐意接受它的统治，就蛮不讲理地统治我们。当利己心想得到某种东西时，它会给我们耍花招，让我们误以为是我们自己想得到这种东西。倘若我们意识到这种自我主义唆使我们付出那么大的努力，花费那么多的精力，去执行它的命令，到头来得到的回报却不足挂齿，那么我们会将目前的、未得到改正的利己心，看成是最可恶的独裁者。

耶胡达·阿斯拉格称，倘若人们将自己付出的努力，同生活中实际体验到的快乐相比，他们将会发现："在这种生活中，他们为生存而经受的痛苦与磨难，要比他们所感觉到的一点点快乐多出许多倍。"（摘自《对〈十个 Sefirot 的教育〉的前言》第三条）然而，这一事实隐瞒了我们。

我们的利己主义将我们作为它伪装的外衣，潜藏在我们自身内，仿佛我们和它是同一个人。它一次次地迫使我们追求自私的满足。可实际上，我们的本质只是追求快乐的一种愿望，并不是一种自私的追求快乐的愿望，尽管它可能会蒙蔽我们。换句话说，"我们"的自我主义，并不真的是我们的自我主义，我们应当将二者区别开来。

一个人就在能够区分这二者，并想获取同自然保持平衡的利他品质的那一刻，便可感受到自然的积极支持。我们还应当注意到，"努力向利己行为靠拢"同"努力向利他行为靠拢"之间存在着巨大的差异。一旦一个人获得了自然的品质，他的利他之举不再需要花费精力。恰恰相反，他可以轻松快乐、毫不费力地做出利他的举动，并会感受兴高采烈、心满意足。

实际上，利他的行为不需要耗费能量；它们反倒会产生能量。原因就在于利他的力量就像将阳光洒遍大地的太阳一样发挥作用，利他的力量实际上就是无尽能量的持续提供者。然而，利己的力量总想着接受与获取，因此它总是匮乏的。

我们可以将这种现象比作一块电池的正极和负极。一个人将自己与积极力量相关联的那一刻，他就能感觉到富有活力，能力无限。他变得像一个永不枯竭的源泉，他自身内创造并释放着无穷的能量。

因此，就像耶胡达·阿斯拉格所说，我们面临的问题，只是心理问题。摈弃自私自利的算计（其实这并不让我们从中受益），转向无私利他的算计。通过这种方式，我们能够确保获取的意愿将体验到即刻的、无限的快乐，这是由于真正的、十足的快乐可以从与他人无私的团结中找到。

远途与近路

获得利他的品质是我们人生的目标。自然的进化法则推动着我们借助利己本身去努力达到这一目标。自然的目的就是要让我们懂得所需要进行的改正，并且依靠我们的意识与理解，依靠我们参与改变待人态度的过程，来完善我们自身。因此，我们每个人都可以从下面两条道路中做出自己的选择：

1. 通过意识到我们自私利己的本质是非常有害的，并与自然的利他品质背道而驰，从而激励我们积极参与演化的过程，并且掌握改正自私利己的本质的方法。
2. 消极地等待，直到因与自然失衡而带来的打击、压力和痛苦迫使我们寻求一种纠正失衡的方法。

借助避开压力与痛苦，可以做到改正利己心。然而，我们能够首先选择积极参与演化的过程，从而了解并控制利己主义。这样一来，我们将很快毫不费力地同自然的普遍法则——给予与爱的利他法则——保持平衡。上述两条进化之路被分别称为"改正的道路"和"痛苦的道路"。

自然是最终的"赢家"，我们最终必将遵循自然规律，这一点毋庸置疑。可问题在于我们应该怎样做出选择才能做到这一点呢？倘若我们积极主动地选择去同自然的利他法则保持平衡，而不是让苦难迫使我们发展，那么我们将会收获真正的幸福。否则，艰难困苦将在我们身后不住地驱使我们，而且会给我们一种不同的动机。比较有趣的是，在拉丁语中，用来表述动机、刺激的单词是 stimulus，它实际上是一个用来赶驴子的尖尖的枝条，当车夫想让驴走得更快些时，就用它朝驴身上抽打几下！

与自然保持均衡状态，是生存的最佳状态。要体验这种状态，我们似乎需要首先体验它的对立面，即最恶劣的生存状态。之所以这样，是因为我们通过两种对立事物的鲜明对比，比如明与暗的对比、黑与白的对比、苦与甜的对比等，来感知事物。

然而，有两种体验那恶劣状态的可能方式。第一种方式就是真的置身其中，第二种方式则是在我们的头脑中将它勾勒出来。这就是为何我们被创造为具有情感和智力的生物。

我们与自然完全失衡会带来可怕后果，而我们在没有切身体验这种可怕后果的情况下，却可以在自己的头脑中将它想象出来。正如《塔木德》中所说："谁是智者?能看到未来的人是智者。"如果我们在没有陷入最糟糕的状态之前，能将这种状态想象得非常清楚，那么这种想象的图案将充当一种让我们及时避开未来的祸害，并朝好的方向发展的推动力量。

借助这种做法，我们将避开无数苦难，并加速我们进化的步伐。传播关于一切危机和问题起因的知识，传达解决它们的方法，指明通向崭新人生的道路，所有这些因素必将让人类在改正的道路上快速前进。

改变待人态度、实现自然平衡

我们可以很容易地看到改变我们对待他人的态度，能够让我们顺利解决人类社会所出现的问题。这将意味着结束战争，终结暴力与恐怖主义，消除人们之间的仇恨。

然而，同样的危机也在自然的其他层面——非生命层面、植物层面和动物层面——发生着。它们将会如何？它们的境况如何得以改善呢？看来为了关心地球、水、空气、植物和动物，我们必须直接影响它们。这就是为何我们会惊讶地看到，卡巴拉的改正之法将重点放在人际关系上面，将那些关系视为左右大自然万事万物存在状态的关键因素。

改正我们人类自私自利的关系，能影响到其他层面的状况吗？比如，它能解决威胁我们的生态危机和资源短缺吗？

我们应该知道自然的利他力量是单一的力量。它内部没有分支。但对我们而言，它被划分为无生命的自然、植物的自然、动物的自然及人类的自然。换句话说，有四个不同层面的自然影响着我们。

比如，在无生命的层面上，自然通过地球来影响我们；在植物的层面上，通过花草和树木来影响我们；在动物的层面上，通过动物和我们自己的身体来影响我们；在人类的层面上，自然通过我们的社会环境来影响我们。然而，它实际上是同一种力量，只是我们的感官将它划分成许多层面和多种力量，这一点我们随后论述。

当人的思想、愿望和意图变得类似于利他的力量，人就能达到平衡的最高点。这种平衡的层面，被我们称为"人类层面"。倘若我们关爱他人，倘若全人类作为一个统一体而存在，倘若我们能够作为单一机体的部分来保持相互团结，那么我们就能够在最高的层次上，创造出我们自身与自然的利他力量之间的平衡。

出于这种原因，这种力量也可在一切更低的层面上获得平衡。这样一来，失衡的一切消极显现——我们今天在每个层面（无生命的、植物的、动物的及人类的层面）经历的痛苦和匮乏——必将烟消云散。

然而，当我们在比人类层面更低的层面上，让自己与自然的利他力量实现平衡时，当我们纠正了自己对待无生命的、植物的或动物的层面的态度时，我们仍将体验到那些层面上的不平衡。例如，倘若我们充满爱心地同无生命层面的一切事物打交道，不去毁坏土地，也不去破坏臭氧层等，我们将在无生命层面创造一种平衡。但在植物的、动物的及人类的层面上，那种失衡将依然存在。

由此可见，尽管自然的力量将会善待我们，可它只能产生非常微小的、有限的变化。倘若人们也能充满爱心地在植物的层面上对待自然，那么这定然会增强那个层面的平衡。这样一来，我们将会感到我们的境况变得舒心一些，轻松一些。同样道理，倘若我们也用一颗爱心去对待动物层面上的自然，它还会让我们的境况有所改观。

然而，与平衡人类层面相比，前面所讲的各个层面上的平衡都显得微不足道。我们人类就生活在这个层面上。因此，必须去平衡的，就是我们的这一层面。

这种情形可被比作一位从孩子的角度来看待人生的成人，这位成人在人生的道路上前进时忽略了他或她的才华和技能。他或她的这种表现，与自然对待每一个人的方式并不协调。要知道，自然会依照赋予每个人的进化潜能来对待他或她，即便他或她并没有实现那种潜能。

自然渴望让一切保持平衡，而只有当人类用利他的态度对待同类及世间万事万物时，自然的这种渴望才能变为现实。因此，推动一切现有进程的平衡法则，也在激励着我们走向平衡，尤其在人类的层面上更是如此。它不容许我们采取属于更低层面的做法过着轻松随意的生活。

这样一来，在我们同其他所有人本着利他主义的原则团结一致之前，我们继续经受着自然力量向我们产生消极的影响。因为我们的感官将自然划分为不同的层面，所以我们还将继续在现实的各个层面上制造危机。出于这种原因，当我们在努力去应对一个问题，如生态问题时，其他问题会从各个方面越来越快地显露出来。

我们不能纵容自己为了逃避真正的问题——纠正人们之间自私利己的关系，只让自己忙于自然的更低的层面。整个自然仰仗着我们纠正自私利己的关系。如果我们的确想改善自然，那么在我们的个人关系上多下工夫才是一条出路。

人类不同于其他生物的本质，决定了只有人类才拥有自由选择的机会；这种选择只是在纠正人类关系的层面上。自然所有层面的广泛平衡，只取决于我们做出这种选择。

这个世界发生的一切事情都取决于人本身。这是《光辉之书》第113条所做的解释。它声称世间万物为人类而存在，一切事情为人类而发生，以便帮助我们同他人及万事万物建立正确的关系，并培养自然的利他品质。这将让世界的一切问题得到最终解决，而整个自然都将以一种得以改正的形式，存在于和谐和完美之中。

卡巴拉学者库克在他的手稿中，用下面这段话描绘了这种状态："创造和管理万物的力量把一切都做得非常完美……然而，有一个小部分缺乏改正——甚至，它的完善决定整个创造物的完善。那一小部分就是人的灵魂，其愿望及精神先决条件。自然让人类自行改正这一部分，并在这之下来完成全部的创造过程。"

自然法则，正如本书所讲，是卡巴拉学者在全面研究自然的过程中，所发现的潜在法则。它们阐明了如何解决我们的生存所遇到的一切问题。它们无法被证明，但我们可以用一种合理、有说服力的方式去解释它们。最终，在一切被解释清楚之后，就由每个人来决定是否接受它们。

之所以如此，是因为自然想让我们保持自己的独立性，让我们有能力做出如下选择：是否想竭力找到我们究竟在哪儿偏离了自然法则。要知道，这种偏离致使我们觉得自然对我们产生的影响是消极的。

如果出现在我们眼前的事情像板上钉钉的事实一样清楚明了，那么它就剥夺了我们自由选择的能力，即我们认识人类层面独特潜能的唯一工具。我们因而会退化到动物层面，完全听从自然的支配。自然之所以将我们安置了在这种隐蔽之下，就是为了让我们借助自身的努力去弥补不足，并在我们内心中建设一个完美的人类层面。倘若我们能够很好地利用这个自由选择的机会，那么我们必将获得成功。

第十三章

自由之路

我们每个人都觉得自己是单独的一个人，是一个与众不同、独立行为的个体。许多个世纪以来，人类一直在为获得一定程度的自由而斗争着，看来这并不是巧合。自由的概念涉及一切生灵。我们可以看到，当动物被捕获时，当它们的自由被剥夺时，它们遭受着多么大的痛苦。这就是自然不同意它的任何生灵被奴役的铁证。

然而，我们对自由概念本身的理解相当模糊。如果我们在深层次上去检验它，它几乎没剩下可供我们检验的东西了。既然如此，我们在要求获得个人自由之前，必须设想着是否每一个人真的都知道自由和对自由的渴望究竟是什么。但首要的是，我们必须明白个人是否有能力按自由意志去行动。

人生就是一场无休止的战争，人类之所以要发起这场战争，是因为渴望寻求一条通向更美好的生活的途径。我们是否曾问过自己这样的问题：我们究竟掌控着什么？没有掌控什么？很可能的是，在大多数情况中，事情已被安排好，可我们继续表现得就像事情的进展依靠我们一样。

自由的概念是一种适用于全部生命的自然法则。这就是为什么每一种生灵都渴望自由。然而，对于那些行为是我们自由地做出的选择，哪些行为只是给了我们一个自由选择的错觉，自然并没有给我们提供信息。

这样一来，自然就将我们置于一种无助的、充满怀疑的状态之中，并让我们因我们无法改变任何一切（无论是在我们内部还是人生中本身）而感到失望。自然之所以那样做，为的是让我们停止人生的残酷竞争，并认真思考这样一个问题："我们能影响什么？"倘若我们知道什么元素造就了我们的内心世界和我们的外部世界，那么我们就能够懂得自然容许我们在哪儿主宰自己的命运。

快乐与痛苦

快乐与痛苦是两种力量，自然借助它们来管理着我们的生活。我们的内在本质——追求快乐的愿望——迫使我们依照一种预先设定好的行为模式：渴望用最小的努力换取最大的快乐。因此，在它的驱使下，我们选择快乐，逃避痛苦。在这一点上，我们与其他任何动物之间没有区别。

心理学承认，可以改变每个人优先考虑之事。我们可以被教会用不同的方式去计算收益率。我们也可以赞美每个人心目中的未来，以便让他或她同意为了未来的获得而经历现在的苦难。

例如，我们宁可付出十年寒窗之苦，去学习经贸知识，以便将来能够挣高工资，或者升迁到一个令人敬重的位置。这些都涉及利益率计算问题。我们计算着多少努力能够给我们带来多少可能的满足，倘若我们计算出的结果是快乐有所盈余，那么我们就会去实现它。我们每个人都是这样被造就的。

人与野兽之间的唯一区别就在于，人可以期待未来的目标，而且为了获得未来的回报，同意经历一番艰辛与困苦。如果我们对某个人进行深入细致的检验，就会发现他的所有行为都源于这种计算，而且实际上他是不由自主地这样去行动。

尽管追求快乐的愿望驱使我们逃避痛苦，选择快乐，然而我们却并不能选择我们真正想要的快乐是哪一种。这是因为"什么能给我们带来快乐"的判定权，并没有被我们掌握，它深受别人愿望的影响。

每个人都生活在一个独特的法律与文化的环境之中。这些因素不但决定着我们的行为规范，而且还影响着我们对待人生每一方面的态度。

实际上，我们并没有选择我们的人生道路，我们的兴趣领域，我们的休闲活动，我们吃的食物或我们追随的衣着时尚。所有这些都是依照我们社会的兴致与喜好来选定的。

此外，并不一定是社会的更优秀部分在做出选择，很多时候反倒是社会的更大部分在做出选择。其实，我们被自己生活的那个社会的举止和偏爱所束缚，它们成了我们的行为准则。

赢得社会的赞扬，是我们做每件事情的动机。哪怕我们想变得与众不同，想做某件以前从未有人做过的事情，想购买别人都没有的东西，甚至想避开尘世的喧嚣，一个人清静地生活时，我们这样做也是为了得到社会的认可与赞许。诸如"他们将怎么议论我？"，"他们会觉得我怎么样？"之类的想法，对我们而言是最重要的因素，即使我们倾向于否认并抑制它们。终究听从他们似乎意味着废除了我们"自身"。

选择从何而来

前面讲了那么多，但倘若真有自由选择的话，我们在哪儿可找到它呢？为了回答这个问题，我们必须首先了解自己的本质，看清我们是由哪些因素构成的。耶胡达·阿斯拉格1993年在他的《自由》文章中解释说，在每一个物体及每一个人之内，都有阐释它们的四个要素。为了论述这些因素，他借用一颗小麦种子的生长作例子。这是一个很好的例子，因为我们很容易追踪它的生长过程，这有助于我们理解整个概念。

1. 第一物质——我们的内在实质

第一物质就是每个物体之内的固有实质。尽管它可能以不同的外形表现出来，但它本身却永远不可能改变。例如，当小麦的种子在土壤开始蜕变时，它原来的外形却完全不见了，一个新的麦苗仍然从它的内在实质中生长出来。第一因素、实质、根基、我们的遗传密码，从一开始就在我们的自身之内。因此，我们无法改变它或影响它。

2. 不可改变的品质

实质的进化规律永不改变，源于它的每种物体的品质也不可改变。比如，一棵小麦的种子除了长出小麦之外，永远也不可能长出其他种类的粮食；它只会制造出小麦所失去的以前的形状。

源于它们的这些规律和品质被自然预先设定。每一粒种子、每一种动物及每一个人都包含着实质的进化规律。这是构成我们的第二要素，而且我们无法影响它。

3. 可以通过影响环境来改变的品质

当种子仍然是同一种种子时，它的外形却依照外部环境的影响而变化，也就是说，在受到外在因素及所定规则的影响时，实质的外壳将会有所改变。

外部环境的影响，给实质增加了更多的元素，它们一起制造出具有新品质的同样实质，这些元素可以是太阳、土壤、肥料、湿度及雨水。它们决定着新的麦子在成长过程中所遇到的困难，也决定着新麦子的产量和质量。

如果我们不是拿一颗麦种做例子，而是拿一个人来做例子，那么外部环境可能是家长、老师、朋友、同事、书籍以及这个人能从媒体中得到的信息。这样一来，第三个要素就是一种规律。根据它，环境影响着每一个人，而且让那些能够改变的品质发生了变化。

4. 影响物体的那种环境中的变化

影响麦子生长的那种环境本身也受外部元素的影响。这些元素能发生剧烈的变化：比如，可能会有干旱或洪水出现，导致种下的所有种子都被晒干或腐烂。对人而言，这第四种要素也包含了环境本身的变化，而这变化随后会转变环境影响个人可以改变的品质的方式。

这样一来，这四个要素决定了每个对象的总体状态。这些要素决定了一个人的性格、思维模式和推理过程。它们甚至决定着一个人渴望什么，以及他在任何特定时刻如何行动。耶胡达·阿斯拉格在其文章《自由》中，详细论述了每一个要素，并得出如下结论：

1. 人无法变更自己的遗传密码及自己的实质；
2. 人无法改变他的实质演变所要借助的法则；
3. 人无法变更当外在因素影响他发展时所要遵守的法则；
4. 人可以改变其所处的而又完全依仗的环境，从而选择一个更有利于自己实现人生目标的环境。

换言之，我们无法直接影响我们自己，因为我们不能确定我们的实质及它的演化方式。我们也无法改变环境借以影响我们的法则，然而我们却能够通过改善我们的环境来影响我们的生活和我们的命运。由此可见，我们唯一的自由选择就是选择正确的环境。如果我们引发了周围环境的变化，从而改善了我们的环境，那么我们就将改变环境对我们可变品质的效果，进而决定我们的未来。

在自然的所有层面上——静止层面、植物层面、动物层面及人类层面——只有人才能有意识地选择一种可决定其愿望、思想及行为的环境。因此，改正过程建立在个人与环境的关系的基础之上。倘若我们的环境涵盖了一个适于成长的基础，那么我们就能够获得美妙的结果。

第十四章

了解我们的自由选择

如果我们概括一下规划我们人生的四个要素，我们将能看到我们最终被两种资源所支配：我们固有的因素，以及我们在人生的旅途中从所处环境获取的信息。

有趣的是，科学也得出了类似的结论。自20世纪90年代起，行为遗传学领域有了长足的进步。这一科学领域探寻一个人的基因与个性以及认知与行为特征（如易怒、喜欢冒险、害羞、暴力及性欲）之间的联系。

理查德·阿布斯泰因（Richard Abstein）教授就是这一领域首批研究人员之一，他在以色列的赫尔佐格老年精神病医院研究部担任部长。阿布斯泰因教授声称我们大约50%的特征是由基因决定的，其余的则由环境决定。

由于我们无法改变我们的先天结构，所以我们必须将目光转移到我们发展依赖的第二因素—我们的环境。为了在实现我们人生目标的道路上阔步前进，我们能做的唯一事情就是选择一种激励我们朝着这一目标奋进的环境。

耶胡达·阿斯拉格在其文章《自由》中解释说："因此，一直致力于选择一个更好环境的人，应该得到赞扬与回报。但这并不是因为他或她的良好的思想和行为，而是因为这个人努力地去获取一个良好的环境，进而这环境保证人的良好的思想和行为。"

那些努力选择并创造一个有利于最佳发展环境的人们，能够实现他们个人的潜能。理解该原理需要一点儿意识，显然，如今已经有许多人有了这种意识。

倘若我们想要将自己的态度从利己主义转向利他主义，那么我们必须将自己提升到这样一种状态：关心他人的健康幸福的愿望，以及与他人团结为一体的愿望，要远比任何一种自私的愿望更为强烈。只有当我们所处环境的价值观肯定利他主义至高无上时，这种情况才会发生。

本性上我们被造就为社会的和利己的生物。因此，没有什么能比我们周围那些人的评价更为重要的了。事实上，我们的人生目标就是得到社会的认可与赞扬。我们完全不由自主地被社会观念所左右，为了得到社会的赞赏、认可、尊重和声望，我们愿意做我们所能做的一切。这就是为什么社会能让其成员接受价值观和行为规范。

社会还能为我们设立判断标准，让我们借助它来衡量我们的自尊与自重。因此，甚至当我们独处时，我们依然会按照社会规范去做事。即使没人会知道我们的所作所为，我们也出于自我欣赏而照样依照社会规范。

　　为了培养关心他人的愿望，增强同他人作为一个体系中的部分而团结起来的渴求，我们必须生活在一个推崇这类愿望与渴求的社会。倘若生活在我们周围的人们将利他主义置于至高无上的位置，那么我们每个人自然会去遵守它、接受它。

　　我们环境的理想状况应当是大力倡导"与自然保持平衡，善待他人，善待你置身其中的统一的体系。"当对利他主义的渴望成了我们周围环境的主旋律时，我们将从中接受到这种价值观。如果我们无论走到哪儿，都会碰到无私利他的榜样，都会看到人们崇尚利他主义的现象，那么我们对待他人的态度就会发生变化。渐渐地，我们越多地考虑它，我们就越想成为自己身在其中的这个统一体的健康部分。

　　环境可以被联想为能将我们带到更高处的一台起重机。我们实现人生目标的第一步，就是思索并寻求最适合于支持它们的环境。在我们所选择的环境的积极作用下，我们必将迈着坚实的步伐走向既定目标。

　　正如我们前面所讲，思想之力是自然界最强大的力量。因此，倘若我们渴望生活在一个更好的环境中，那么我们的内在力量将引导着我们走向一个我们能够发展的环境。我们越多地考虑改善我们的环境，我们就越有可能将它变为现实。

　　倘若我们的环境中生活着寻求与自然保持平衡的人们，那么我们将能够以他们为榜样，而且他们将会激励我们，提供我们力气。这些人将懂得我们渴望用爱心对待他们，而且将帮助我们学会如何做到这一点。

　　这样一来，借助在他人身上进行的"实践"，我们将领会到与自然力量的相同的意义，而且能够感觉到置身这种关爱之中是多么的美好。在这样一种环境中，我们会感到自己受到保护，生活幸福，无忧无虑。自然引领人类去实现的，正是这种人生。

　　仿效自然

　　正好通过认识到所有的人都是一个体系的组成部分，而于是努力关心他人，与他人团结，我们可以开始理解什么是自然的爱与给予的品质。当然，这仍称不上是完整的内在自我主义的改正，但它却是改正过程的第一步。

　　我们实际上可以像孩子仿效父母一样去仿效自然。即使孩子并不懂得自己的父母在做什么，但孩子之所以仿效父母，是因为他们想成为父母那样的人。比如，一个小男孩看见他的父亲用一把锤子在钉钉子时，便用一把塑料锤子来模仿父亲的动作。靠着这种做法，他渐渐获得了父亲的知识。如果我们努力仿效自然的爱与给予的品质，那么这种仿效将为我们树立一个高于我们自身的阶段，而我们开始渴望自身获取这样的品质。

　　对他人健康幸福的关心，可能源于以下两种动机：

1. 想得到社会的尊重与赞赏。
2. 掌握爱他人和给予他人的品质是至高无上的，远比只赞扬本身的品质高尚。

　　孩子在仿效父亲时，并不十分清楚他父亲在做什么。因此，像孩子仿效其父那样去仿效自然，意味着只是出于第一种动机而非第二种动机，就去关心他人的福利。这样一种仿效是发展与成长机制的基础，没有它，我们就无法存在。

　　起初，我们关心他人只是为了获得社会认可所带来的快乐。然而，我们渐渐开始感到，这样一种无私的、利他的待人的态度，无论它能带来怎样的社会尊重，它本身就是一件令人崇敬的非凡之举。当我们真正开始感觉到自然力量本身是一种无限的完美力量之时，我们将会发现无私的、利他的待人态度是完美的源泉，是无尽的快乐之源。

换句话说，通过努力去仿效自然力量，我们将开始感觉到在自然的品质之内存在的完美。这种感觉会引发我们内心的变化，我们会慢慢意识到爱与给予的品质，要比我们天生的内在的品质更高尚、更加宏伟。进而我们开始渴望这些品质。

借助这种方式，我们将从我们被创造的那个原始阶段，上升到一个更高的阶段——自然力量本身的阶段。我们将被融会在它的和谐与完美之中。自然的进化法则就是要引领人类到达这一境界。

新的方向

就在一个人开始与自然力量达到平衡的那一刻，必须进行自我改变的压力就减小了。这样一来，这个人生活中的消极现象也随之减少。实际上，从自然的角度来看，这个宏伟的计划毫无改变；唯一变化的就是人。因此，变化本身给这个人带来这样一种感觉：自然力量的影响已经改变。

可自然造就的我们总觉得我们并没有发生变化，只是我们的身外之物发生变化。人的感官和大脑就是这样去感知现实。然而，实际上自然力量是固定不变的。倘若我们变得与它一样，我们就会感到完整性。反之，我们会觉得这种力量处处与我们作对。在这两种极端中间，我们感觉到了中间阶段。

时至今日，我们与自然的利他力量之间的矛盾，还没有到百分之百地相互反对的地步，因为我们利己主义并未滋长到最高程度。这意味着我们现实生活中碰到的消极情况尚未沦落到最坏的地步。顺便讲一下，这也是为何我们之中还有一些人并没有感到这个世界面临的普遍危机的原因所在。

但我们利己心每天都在滋长，它们让我们同自然之间的对比更为强烈。为了让我们少遭受一些这种对比所带来的痛苦，我们应当开始努力去获得无私的、利他的品质，从而改变进程方向。而且我们应该很快就开始这样去做。

当我们这样做时，我们将立刻感觉到各个存在领域做出的有利回应。比如，我们假定某人有个表现很差劲的儿子。这位父亲认真地同儿子交谈，设法劝说他改变自己的所作所为。最终，他们同意孩子以往的过错一笔勾销，从现在起一切重新开始，做父亲的答应不再用老眼光看待儿子，而儿子也答应表现得更好一些。倘若在第二天这个小男孩的言谈举止有所改进，哪怕只是朝着好的方向一点点的进步，他父亲对他的态度将立刻变得更好。这样一来，一切并不是按照结果来衡量和评判，而是按照发展方向来衡量和评判。

当越来越多的人对纠正人际关系表示关心，并将这种待人的态度（正是由于它决定我们的人生）看做是最重要的事情的时候，人们的普遍忧虑将会变成影响社会所有成员的舆论。由于我们之间存在着这种内在联系，世界各地—甚至那些最荒凉之地—的每一个人将同时开始感到他们与其他所有人密切相连，而且仰仗他们。人们将开始考虑他们之间及全人类之中的这种相互依靠。

许多科学，主要是量子物理学，证明了一个元素中的变化影响着其他的元素。欧文•拉斯罗教授在他的著作《混沌之处：处于十字路口的世界》中（Ervin Laszlo, The Chaos Point: The World at the Crossroads），描述了在今天的量子物理学中习以为常的实验。这些实验表明，粒子实际上"知道"其他粒子发生的情况，仿佛有关其他粒子发生变化的信息即刻"跨越"了每一个距离。

今天，物理学承认粒子之间存在着不断的相互联系，即使它们被时间与空间所隔离，这种联系依然存在。宇宙间的一切结构—从最小的结构到最伟大的结构—都存在这种现象。

于是，当今的科学正在发现，一切依赖于基因及环境的影响。这些发现有助于我们从这样的错觉中"清醒过来"："我决定并控制着"及"我检验并确定"。

这为我们发现真正的自由提供了良机。我们可以摆脱利己主义的奴役，通过创造一种有助于像孩子学习成人那样去仿效自然的环境，来获取无私的、利他的品质。

最伟大的研究人员总是知道，当我们变得更加聪明时，我们将发现潜藏于自然的奇妙智慧。我们所有的发现会让我们意识到，我们只不过是存在着的深奥智慧的一个分支。当我们走向成熟，为汲取这种智慧做好准备时，它的大门便向我们敞开。

用阿尔伯特·爱因斯坦的话来讲："我的宗教包括对无限的高尚灵魂谦虚的仰慕，这灵魂以自己为我们展示借助我们的微薄之力能够感知的小部分。我对无限的宇宙展露的超级的、能思考的力量存在笃信，形成了我的上帝观。"①

第十五章

万事俱备，去实现人生的目标

人类一代代的进化

今天的社会可以说是一个寻求自私的社会。然而，它也做了足够的积极准备，这将有助于它转变为无私的社会。事实上，人类一代代的进化，只是在为这一代人意识到人生的目标做准备。

耶胡达·阿斯拉格在他的文章《和平》中是这样描述人类进化的："在我们的世界，当婴儿降生时，其实并没有增添新的灵魂。世上只有以化身的转变形式显现出来的一定数量的灵魂，它们每次都穿着一具新躯体的外衣，一代又一代地进化着。因此，当谈到灵魂时，自人类的创造开始，到其改正过程的结束，世世代代实际上就代表一代人，其将自身的生命延续了几千年，直至改正自身并达到人类应该达到的完美。"

灵魂一代代地积累著数据，最后将我们带到我们目前的进化阶段上。人类经历漫长的进化之后，最终应该步入一个崭新的层面，我们将其称为"得以改正的人类层面"。

为了理解我们之前一代又一代人进化的影响，我们可以将自身内的固有数据比作信息单元。这样的信息单元存在于现有的每个物体之中，包含了万事万物的内在信息。

实际上，我们生活在一个包含大量的关于每种元素的信息的空间中。这是一个被称为"自然的念头"的信息领域，而且我们就置身其中。任一元素中发生的任何变化，比如为维持其现状所做的努力、从一种状态到另一种状态的转变、作用于它的力量、它作用于其他元素的力量、内部变化、外部变化，所有这些都是信息领域中发生的变化。

在每一代人中，人们都在寻求一种让维持生存平衡与更好生活的方式，因为自然并没有将这种方式赋予人类。这些寻求被作为补充记录，统计进他们内部的数据单元。这样一来，这些信息单元日渐改善。

我们为追求更美好的人生而不断努力，同时也在为应对我们的环境而不懈努力。我们通过这些努力所获取的一切知识和见解，成了下一代人的自然倾向。因此，每一代人都比其前一代人更加发达。

毋庸置疑，孩子们总比自己的父母更能适应新生事物，尽管这些新生事物实际上是在其父母的推动下产生的。比如，今天的孩子与其父母相比，能够非常自然地接触诸如手机、电脑之类的东西，而且只花很少的时间便可比父母更好地去操作它们。

由此可见，人类一代代地获取知识与智慧，不断地进化着，很像一个积累了数千年经验的人。在《最后一代》这本书所发表的手稿中，耶胡达·阿斯拉格对这种积累过程做了如下描述：

"一个人的观点就像一面镜子，所有的画面，以及有益的、有害的行为都反映其中。人对它们进行认真检验，选定有益的行为，摈弃有害的行为（这被称作'记忆大脑'）。比如，一位商人（在自己的'记忆大脑'）借鉴经商之道，了解自己的赔本的教训和原因，同时了解赢利的经验和原因。这些经验在他的头脑中似乎组织成一面企图的镜子，靠着这面镜子，这位商人能选择有益的及放弃有害的行为，直到他变成一位善于经营的成功商人。对每个人的人生经历而言，道理也一样。在我们的社会上，公众以同样的方式积累了社会常识，具备了'记忆大脑'和共同的影像；而涉及公众及所有一切的行为，则被记录下来。"

我们内在的信息单元的进化，让我们一点点地意识到我们与自然力量背道而驰。因此，我们愿意倾听有关我们为何以这种方式被创造的解释。此外，我们能够理解我们必须达到的目标。

对于目前的生命，我们许多人都感受到内心的空虚和鸿沟，但这并非巧合。它们的出现是因为我们心中有了一个新的渴望——渴望人类上升到更高的生存阶段，也就是"得以改正的人类层面"。这是一个重要的进化阶段，处于这个阶段的我们能有意识地朝着实现人生目标迈进。

社会接近利他主义

建立一个无私利他的社会的倡议，这必将得到大家的广泛支持，因为我们都喜欢将自己看做是乐善好施、扶危济困的好人。就这样我们被创造。从理论上讲，没有什么能阻止我们宣称我们是利己主义者，根本不愿为他人着想。然而，我们没有一个人会为他或她的自私自利感到自豪。

社会当然赏识那些为它作出贡献的人们。因此，每个人都努力去让自己成为人们心目中对社会有贡献的人。每一个人、每一个社会、每一位公众人物或者每一个政府都想树立一种大公无私的形象。此外，没有哪个人会鼓励别人成为自私自利的人，因为那样做会对自身非常不利。出于这种原因，甚至连最自私的人都会将自己装扮成大公无私的人，他们这样做不仅是为了赢得社会的赞许，而且还是为了从他人的无私回报中获取利益。

尽管确实有一些另类人士宣称他们就是利己主义者，可他们这样做并不是想表明他们为有损于社会而感到骄傲，而只是想说："看看我，我是多么特殊！"他们进行这类炒作，只是想赢得社会的关注。

由此可见，没人公开反对这个世界所倡导的利他主义。有些人会非常积极地支持利他主义，而有些人做起来有些勉强，但没人会反对它。在内心深处，我们都知道利己主义在扼杀一切，而利他主义则是一种能够带来生机与活力的积极因素。这就是为什么我们要教育自己的孩子多为别人着想，即使我们自己是自私自利之人。

新一代自信、幸福的孩子

我们每个人都努力将最好的谋生工具交给自己的孩子。这就是为什么我们本能地将他们培养成无私的人。实际上，对年青一代的教育，总是建立在利他主义价值观的基础之上。

我们之所以要培养孩子善待他人，是因为我们潜意识中知道待人不善的恶人最终也会得到伤害。我们想给孩子创造一个安全的环境，但只有借助利他主义教育才能够获得成功。

由此可见，一个人的信心并非取决于个人，而是取决于环境。因为人所处的环境反映着人对环境的态度，所以我们受到的伤害来自环境。然而，通过提倡利他主义价值观，我们就会提升社会不伤害我们的几率。

纵观人类历史，每个国家、每个社会都想向其少年儿童传教利他主义价值观。只有势力非常大的个人，比如自己的军队准备实现自己称霸世界的欲望的独裁者，才会教育他的少年儿童凶残无比，不为别人着想，不要有慈悲之心。但这种人的孩子需要得到强大的保护方可生存。他们不得不提防其他任何人，用穷兵黩武的办法来保护他们自己。

对待他人的良好态度，能让人产生一种安全、平静、祥和之感，这一点对每个人都很重要。出于这种原因，我们想方设法帮助自己的孩子树立这些价值观。但重要的是，我们的孩子看到我们自己并不是以这种方式对待他人，所以他们也会变得和我们一样自私。

适当的教育是建立在良好榜样的基础之上。我们是在给孩子树立一个无私待人的榜样吗？答案可能是否定的，尽管在他们年幼之时，我们确实努力要将他们培养成大公无私的人。孩子倘若看到自己的父母"说一套，做一套"，便会觉得父母的话很虚假。在这种情况下，无论父母花多大力气去教育自己的孩子做一个堂堂正正的无私之人，到头来都是竹篮打水一场空。

我们今天碰到的危机以及危险重重的未来，都迫使我们做出改变。可到目前为止，我们一直教育我们的孩子去善待他人，但我们自己却未践行这一忠告。现在，我们已经别无选择。我们必须改变我们自私自利的待人态度。

随着越来越多的人开始做出利他的举动，我们的孩子所面对的现实将会改变，他们将轻松掌握我们难以理解的道理。他们将认识到我们都是一个体系的组成部分，因而我们之间的关系应该是利他的。对我们的孩子及我们自己来说，没有什么能比我们无私待人更好的了。

利己主义者和利他主义者

有些人生来就爱帮助别人。这是人类为完成改正过程而做的特别准备。通常情况下，同情别人能够让我们在同别人的交往中得到更大的快乐。

然而，有些人却不一样地去感受他人。他们实际上能够感受到别人的痛苦，仿佛这种痛苦就是他们自己的痛苦。因此，他们被迫使竭尽全力帮助别人一同缓解他们自己的痛苦。这些人是"利他的利己主义者"。简而言之，我们称他们是"利他主义者"，尽管他们实际上同那些并没有感受到别人痛苦的利己之人一样，也是以自我为中心。

利己主义者不会为别人遭受痛苦而感到悲伤，所以随意利用他人。然而，利他主义者则会为别人遭受痛苦而感到悲伤，因此他们的言谈举止都很谨慎，甚至连伤害别人的话都不说。这两种人都从自然那里得到各自的内心倾向。因此，这些差异并没有反映出"好人"或"坏人"，而只是反映出一个人顺应自然的支配。

理查德·阿布斯泰因教授在自己的行为遗传学研究中发现，通过改变一定的基因序列来影响一个人善待他人的能力是可能的。研究者设想对利他行为有一种奖赏，这种奖赏以一种被称为"多巴胺"的化学成分来体现。"多巴胺"在受益人的大脑中分泌出来，它能够给人带来一种快乐的感觉。

在《最后一代》这本书中，耶胡达·阿斯拉格谈论了他的社会学说，描绘了改正后的未来社会的情景。此外，他还解释说，世界上大约10%的人是这种"利他的利己主义者"。因此，人类一直都被划分为90%的利己主义者和10%的利他主义者。

利他主义者关心社会的福利、各个领域的互助、弱者的幸福健康等。实际上，由于缺乏关注或对他人的困境缺乏同情，社会并没有解决有些问题，也没有应对有些局面，但利他主义者却想他人之所想，积极去解决这些问题，应对这些局面。

利他的机构拥有大量的钱财，花费巨大的精力，采用多种多样的方法来做慈善事业。可令人遗憾的是，对绝大部分而言，他们给予需求者的帮助并没有为对方的境况带来实质性的改变。

非洲就是这样一个例子。在过去，在西方国家涉足他们的生活之前，非洲人自给自足。然而，时至今日，尽管他们能够获得世界上许多国家救济的食品和水，但他们仍然要忍饥挨饿。以他们的名义募集的大量钱财并没有让他们的境况大有改观；非洲的战火仍旧不断，而且这个州的许多国家在快速地衰败。

为了改善世界的状况,利他的机构几乎什么办法都尝试过了。然而,世界的状况依然在恶化。尽管我们还能按以前的老办法继续做下去,但明智之举却是静下心来,认真反思一下我们为何在改善人类状况方面未能取得成功。

答案如下:世界上的一切问题,无论是个人问题还是社会问题,都源于人类与自然的失衡。在这种情况下,在物质层面上帮助他人可能会产生短期收益,但从长远来看,这些做法收效甚微,因为物质援助并不能推动人类走向平衡,因此也不能从根本上解决问题。

当然了,当那儿的人们饥饿的时候,应该有食物去填饱肚子。但与此同时,我们在帮助他们解决眼前的饥饿问题,并给他们提供生活的必需品之后,我们必须将注意力转向提高他们的觉悟水平上面,帮助他们及早意识到人生的真正目标。

倘若我们渴望给这个世界及我们自身带来积极变化,那么就必须重新检验我们对"无私行为"的释义,让它变得更为准确。应该用行为给人类真正的、根本性的变化所做的总体贡献,用行为对从根源上消除人类的痛苦所做出的成绩,来判断行为是否妥当。

这种局面可被比作一位患有严重疾病的人,这个人宁可服用镇静剂,也不去想方设法治疗疾病。与此同时,病情在不断恶化,并最终"获胜"。倘若我们采取的行动并不能消除产生问题的根源,那么这样的行动称不上是强有力的行动,它只会推迟疾病以一种更加严重的形式发作。

只有当行为旨在平衡人与自然的利他法则的关系时,只有它们能够提高我们的觉悟水平,让我们意识到无论是什么样的种族或国籍,我们都是一个体系的组成部分,都是包含着世界各地所有人的一个整体的部分,这些行为才可被视为利他行为。利他行为讲的并不是出于本能,帮助别人摆脱困境的慈善之举。我们在采取利他的行动时,必须意识到我们迫切需要将所有的人,无论弱者还是强者,都纳入与自然的平衡之中。

由此可见,利他的善意和精力应当被引导到主要用来让人类意识到为何我们会遇到这些问题上来,以及如何解决它们。借助这种方式,自然以"全社会有10%的利他主义者"这样一种形式给予我们的援助,才会被明智地利用,而且他们的伟大潜能才可得到发掘。

90%的自私部分和10%的无私部分这种比例的划分,不仅存在于作为一个整体的人类——每个人自身也可用这种比例来划分。现实的一个主要法则就是"个体与集体是同等的"。这个法则意味着无论什么事物存在于整体之中,它也会存在于这个整体的每个组成部分之中。

正如迈克尔·塔尔伯特(Michael Talbot)在他的著作《全息的宇宙》(The Holographic Universe:荟萃全息术领域科学发现的文集)中所讲,宇宙是全息的。Baal Sulam 在他的文章《孕育与诞生的秘密》中,用下面这段话描述了同样的法则:

"个体与集体如同两滴水滴一样,在世界的外部(即行星的总体状态)及其内部都是同等的。这是因为我们发现由太阳及围绕它转运的行星组成的一个完整体系,即使在最小的水原子中体现出的实质,也同在浩瀚的宇宙中体现出的实质一模一样。"

这一法则表明每一个人,无论是利己之人还是利他之人,都包含着10%的利他力量和90%的利己力量,就像整个人类的划分一样。人们之间的差异表现在这些力量的内部状态。

在一位利他之人身上,(利己的)给予力量是积极的;而在一位利己之人身上,(利己的)给予力量是消极的。但每个人内心里都存在着一种给予元素。因此,没有哪一个人天生缺乏与自然的利他力量达到平衡的能力。终究这就是最初自然将这些力量灌输到我们内部的原因所在。

第十六章

完整无限的现实

> 人的思想在哪里，他就在哪里。
> ——巴尔·舍姆·托夫（Baal Shem Tov）

感知现实

一个人倘若意识到本书到目前为止所讲述的道理，倘若认真思考自己是那个涵盖所有人的体系中的一部分，倘若将这些知识传达给其他人，并且营造一个能够提供大力支持的环境，那么他或她将渐渐产生一种——自身获得自然的利他品质的——强烈的、真正的渴望。朝着获得完全的给予愿望的道路是一条充满冒险的道路，而选择了这条道路的人们将领悟人生的深远意义，获得无与伦比的满足。当一个人对利他品质的渴望是完整的，他就能够发现一个全新的现实。我们在描绘这种现实以及经历这种现实的人们的感觉之前，必须懂得"现实"是什么，以及我们如何感知它。

这些问题可能听起来有些多余，因为似乎每个人都知道现实是什么。现实就是我所看到的一切，比如我四周的墙、房子、人群、宇宙；现实就是我能够触摸到和感觉到的一切，比如我们听到的、尝到的和嗅到的。这就是现实，不是吗？

实际上，现实远不止眼睛看到的、耳朵听到的和鼻子嗅到的。纵观历史，最伟大的思想家都将他们毕生的精力用于探索现实这一主题。在一个漫长的时期内，如何感知现实的科学途径经历了几次转变。

艾萨克·牛顿是传统途径的主要支持者，这种途径强调世界不受人的左右，它独立存在着。一个人是否感知世界，是否有人生活在世界上，这都无关紧要。世界存在着，而且它的外形是固定的。

生命科学的演化，促使科学家借助除人类之外的其他生物的感官，来及时检验这个世界。科学家懂得其他生物以不同的方式感知世界。例如，蜜蜂的眼睛由许许多多单元构成，因此蜜蜂眼中的世界就是由每一个单元所感知的图像的总体叠加。一只狗所感知的世界主要是"各种各样的气味混合体"。

此外，阿尔伯特·爱因斯坦发现改变观察者的速度（或改变被观察对象的速度），在时空轴上便会产生一种截然不同的现实观。比如，我们假设有一根柱子在空中转运。按照牛顿的说法，无论这根柱子的转速怎样，它在观察者的眼中仍然呈现出相同的长度。而按照爱因斯坦的说法，当这根柱子的转速加快时，它在观察者的眼中似乎在不断收缩。

这两种发现激发了科学家的灵感，他们提出一种更为进步的感知现实的途径。这种途径强调世界的情景取决于观察者。不同品质及不同感官的观察者所感知的世界各不相同。同样，心情不一样的观察者们也会观察到不同的情景。

在20世纪30年代，量子物理学在科学世界引发了一场革命。它断言观察者影响着被观察的事物。在这种情况下，研究者能问的唯一问题就是："仪表上真正显示的是什么？"设法研究所发生的客观过程，或者设法发现客观现实类似什么，这些都毫无意义。

量子物理学的发现以及其他研究领域的发现，共同形成了如何感知现实的当代科学途径：观察者影响着世界，因此影响着他或她感知的画面。也就是说，世界的画面是观察者的属性与被观察对象的属性的综合。

人生寓于自身

卡巴拉智慧的出现让我们向前迈出下一步。数千年前，卡巴拉学者发现，实际上并没有世界景象之类的事情。"世界"是一个人在内心体验到的一种现象，它反映出个人的品质与外界抽象力量—如自然的力量—的品质之间存在着相似之处。

正如我们前面所讲，自然的力量是完全利他的。对个人品质与外部自然力量的品质之间是否类似的衡量，以"世界景象"的形式体现出来。我们周围的现实的景象，完全取决于我们的内在品质，而我们完全有能力改变自己的内在品质。

为了更好地了解我们如何感知现实，我们可以将一个人比作一具有五种感觉器官的密封盒子：眼睛、耳朵、鼻子、嘴巴和手；而它们分别代表五种官能：视觉、听觉、嗅觉、味觉和触觉。我们周围的现实的景象就在这个盒子里形成。

让我们拿听力机能作例子，看一看我们的感觉是如何工作的。触及耳膜的声波在耳膜的表面产生了震动，它随后引起三块小骨震动。这样一来，电子信号被送达大脑，由大脑将其"翻译"为声音及嗓音。所有这一切测量活动都发生在耳膜之内的地方，而我们所有的其他感官也以相似的方式发挥着作用。

因此，我们其实并不是在测量我们自身之外的事情，而是在测量我们自身内产生的反应。我们能够接收的声音范围，我们能够看到的情景，我们能够嗅到的气味，所有那些都取决于我们感官的敏感度。我们被"封闭"在这个盒子里，因此永远也不知道我们自身之外究竟发生了什么。

我们的所有感官接收到的信号都被打包并传送到大脑的控制中心。在那儿，接收到的信息被拿来与我们记忆中的现存信息进行比较，而且以前的印象也被汇集在那儿。这些信息随后便在大脑内的一个"屏幕"上被"放映"出来，展示出我们所生活的那个世界的画面。我们就是借助这种方式感觉到我们在哪儿，我们需要做什么（参见下图）。

在这个过程中，我们似乎了解周围的未知领域成，它在我们的大脑中形成了一个似乎是外部现实的画面。但实际上，它并不是外部现实的画面。它只是一个内在的图像。

科学家们早已了解了这些情况，而卡巴拉学者耶胡达·阿斯拉格在《对〈光辉之书〉前言》中，是这样描述它们的："拿我们的视觉作例子，我们看到眼前的一个伟大的灿烂的世界。可实际上，这一切都是在我们内部看到的。换句话说，在我们的后脑有一种类似照相机的结构，它可以描绘我们接收到的一切信息，而对于我们没有接收到的自身之外的任何信息，它都毫不理会。"

他指出，在我们的大脑中似乎有一种镜子，它将我们在那儿看到的一切都倒置过来，仿佛所有事件正发生在我们自身之外。这样一来，现实的画面就成了我们感官的结构及大脑中以前就存在着的信息被加以处理后的结果。假如我们有其他的官能，那么它们将创造出迥然不同的画面。现在看似光亮的东西将会显得暗淡，甚至会呈现出我们目前无法想象的情形，这都是很有可能的。

在那方面，我们应该注意科学早就了解到，用电脉冲刺激人的大脑是可能的。所有这些电脉冲，连同记忆中收集的信息，让人产生一种正在某个地方及处于某种境况的感觉。此外，如今我们还可以用诸如电子器件等人造装置来替代我们的感官。比如，助听设备的种类数不胜数，其中既有帮助听力困难的人的增音器，也有给完全耳聋的人植入的微小电子装置。

人造眼也正在开发之中，它利用植入病人大脑中的电极来发挥视觉功能。这种"眼睛"将通过听觉获得的信息转化为可视信息，这意味着它将声音转变为图像。视觉康复的另一个发展涉及在眼睛内植入一个微小的相机，让它用电子信号来取代穿越视网膜的光波。这些信息随后被传送到大脑，在那儿，它们被"翻译"为图像。

我们完全能够应对这些健康方面的挑战显然只是一个时间问题，而且我们能够拓展我们的感觉范围，制造出人造器官，甚至制造一具完整的人体。然而，即使到了那个时候，世界的情景仍然是内心的情景。

由此可见，我们所感受到的一切，只在我们自身之内。它与我们自身之外的现实没有任何关系。此外，我们甚至不能说是否在我们自身之外存在着现实，因为我们"外部"世界的画面就浮现在我们的内心里。

自然的计划

我们对自然的观察表明，为了生命的形成与延续，身体中的每一个细胞和整个体系内的每一部分，都必须无私地造福于它所在的这个身体或体系。目前，人类社会却与这种情形不大相像，它引发了这样一个问题："我们如何能够存在？"身体内的一个利己的细胞会发生癌变，并导致身体走向死亡。我们是同一个体系中的自私利己的部分，然而我们却依然活着！

问题的答案就是：我们的存在实际上并不能被解释为"生命"。

人类的存在可以被划分为两个阶段，从这种意义上来讲，人类的存在不同于自然其他任何层面。人类存在的第一个阶段就是我们目前所存在的这个阶段。我们觉得与其他人相互分离，因此我们并不为他们着想，而且为了谋取一己私利而设法利用他们。人类存在的第二个阶段则是改正后的存在阶段，在这个阶段中，人们作为一个系统的组成部分发挥着各自的作用，而且他们处于一种相互关爱、分享、完美与永恒的状态。

第二个阶段上的人类存在可以被解释为"生命"。我们目前的存在就是一个过渡期，为的是靠着我们自身的努力，最终达到改正的、永恒的状态。因此，那些已经攀登到第二个阶段的卡巴拉学者将我们目前的存在解释为"想象的生命"或"想象的现实"。每逢回顾我们目前所在的第一阶段，他们就说道："我们就像梦中人。"

起初，真正的现实如同和我们捉迷藏一般隐藏起来，我们无法自然地感觉到它。原因就在于我们依照自己的愿望和内在品质去感知我们的世界。因此，我们目前尚未感觉到全人类是紧密联结的统一体，因为我们对这种彼此关系的画面很反感。我们与生俱来的自私的愿望对这关系不感兴趣；因此，它不允许我们感知现实的真实画面。

有一些深不可测的现实元素我们目前无法感知。我们的头脑为我们的自私的愿望服务，而且也相应地操纵着我们的感官。这就是为何我们无法感觉到被（自私的愿望）视为无益的或需要提防的东西。我们能够感觉到的就是对我们是好或者不好的东西。我们的感官被以这种方式"编入程序"，并去相应地感知我们现实的画面。

倘若我们想正确地描绘这幅画面，我们现在就必须将它倒置过来，以便懂得透过利他愿望的双眼，现实是如何被感知的。假设我们现在就开始被"校正"，以便能够感觉到什么对他人有益。在这样一种状态中，我们将能从以前所注意到的事物中看到截然不同的情景。我们以前所看到的那一切，现在看来完全不一样了。卡巴拉学者将这种情形描绘为"我见过颠倒的世界"。

倘若我们在内心形成一做人类健康的一部分，向自然的利他力量看齐一这样一种新的愿望，那么这将意味着一种崭新的感觉体系应运而生，而且这体系与我们现在：体系是不相连的。这种体系将被称作"灵魂"。借助这灵魂，一个人感知一幅全新的世界画面，它是真实世界的画面。在那儿，我们作为一个整体的组成部分紧密相连，感受着永恒的快乐与幸福。

我们早些时候将人生的目标解释为"人们之间的团结"，看来，现在在我们目睹，人生的目标就是有意识地、心甘情愿地从想象中的存在阶段，上升到真正的存在阶段。我们必须达到这样一个状态：我们不再依靠我们现在所看到的一切来判断我们自身和现实，我们应该看清真实的它们。

换句话说，我们目前所感觉到的状态，是一种在我们自私的感知工具中所想象出来的状态。如果我们努力去推进改正过程，在我们内心形成一种对利他主义的渴望，那么我们的感知工具将转变为利他的工具。在利他的工具之中，我们将体验到自己在截然不同的状态之中。

我们的实际状况是一种永恒的状况。我们都在同一个体系相互连接，而且这个体系内永远流淌着能量与快乐。在那种状况中，有的是相互给予；因此，它那儿的快乐是无限的、完美的。相比之下，我们目前的状况是短暂的、有限的。

我们目前对生命的感受，源自一滴微小的活力。这一滴从永恒状态中流出，渗入到我们的灵魂。这滴活力，就是自然的那种广泛存在的利他力量的一部分，它能穿透我们的私欲，并在它们那儿存在着。尽管私欲与这滴活力并不雷同，但这一滴仍维持着它们。

这滴活力的使命就是在第一个存在阶段——物质层次——维持着我们的生存，直至我们开始感觉到真正的现实——精神阶段。我们目前拥有的短暂的人生，似乎是赐予我们的在某段时间内可使用的礼物，我们可以把它作为达到真正生命的一种手段。在那个真正的生命中，我们对生命的感受将不再只是一滴活力，而是自然的全部力量，给予与爱的力量。到了那个时候，这一力量已经成为我们的生命力量。

从词汇的实际意义上来讲，精神现实并没有超越我们。这只是一种品质上的区别。从物质现实上升到精神现实，等于将一个人的愿望提升到利他的品质、到自然的爱与给予的品质。感受到精神世界，意味着感觉到我们作为同一个体系组成部分是如何相互关联的，而且感觉到自然的更高阶段。人生的目标就是当我们以一具躯体的形式生活在这个物质世界时，在感受物质现实的同时，攀登到精神世界，并去体验精神现实。

依照自然的规划，人类被创造出来时，只具备感知第一个一想象的一阶段的能力，并这样经历了十分漫长的进程。在此期间，人类积累了观察到的信息和总结出的经验，这让人类逐步意识到自私自利地生活并不能给自己带来幸福，人类需要上升到第二个阶段，即"改正后的利他的存在"。利己的进化过程中发生的危机将我们置于两个现实层面的转换点。

因此，我们必须将我们这个时代视为关系到人类未来的一个关键时期。我们处在一个转折点，走向完整的、永恒的存在，而它正是自然预先设定的人类进化的顶峰。

或许到了这个时候，我们应该解释一下我们今天所渴望的快乐，与那些获得了自然的利他品质的人们所感到的快乐迥然不同。在今天，我们想从感觉自己与众不同、独一无二、高人一等中获得快乐。一个人只有同以前自己所经历的贫穷匮乏进行比较，或者同他人存在的欠缺进行比较，让自己在这类比较之中产生一种优越感，方可让自己的私欲得到满足。借助这种方式所获得的快乐需要不断地快速更新，因为就像我们在第二章中讲的那样，在愿望得到满足的那一刻，原来的快乐便不见踪影。这一过程导致快乐非常短暂。当利己主义愈加强烈时，它会制造出一种可怕的状态，处于这种状态的人只能从毁灭别人中感到满足。

而那种利他的快乐却与此截然相反。利他的快乐并不拿别人来做比较，这种快乐存在于别人之内。

在某种意义上，我们可以将这比作母亲与孩子的关系。因为母亲爱自己的孩子，所以她乐于看到孩子能够从她的给予中得到快乐。孩子越感到满足，母亲也会越满足。母亲所感受到的快乐，的确主要源自她为孩子所做的努力，而非她做的其他任何事情。

当然了，只有在我们关爱他人的前提下，才有可能获得这样的满足，而且满足的强度取决于我们关爱他人的程度。其实，关爱就是甘愿为他们的福利着想，愿意为他们服务。倘若一个人觉得所有的人都是同一个体系的组成部分，那么他或她就会将服务看成是自己的任务、自己的生计及自己的奖赏。由此可见，这两种快乐之间存在天壤之别。

一个已经获得利他品质的人有一颗"不同的心"和一个"不同的头脑"。这样的人的愿望与思想同我们的愿望与思想存在着如此大的差别，以至于他或她感知的现实与别人感知的现实都有所不同。

多亏了无私利他的待人态度，人能够摈弃那种自己只是一个孤单的细胞的感受，从而使自己与所在的体系结合起来，并从体系中获得活力。

对这样一个人来说，所有人同属的那个同一的体系恢复了活力，人开始感觉到自然的永恒生命、能量的流淌，以及系统内充满的无尽快乐。

我们对生命的感受包括两种元素：理智与情感。当一个人感受到并理解到永恒自然的情感与理智时，他或她便能步入那个世界，并在那儿生活。这样一个人不会再将他或她的生命视为某种将要终结的现象。与永恒自然的一致，让一个人的生命之感延续下去，即使他或她所寄居的肉体已经死亡。

肉体的死亡，意味着身体对现实的感知已经停止。五种感官不再向大脑传送信息，大脑不再将物质世界的画面在它的"屏幕"上放映。

然而，精神感知现实的体系却并不属于物质世界这一阶段。因此，一个人获得了这种精神感知，即使在这个人的身体消亡之后它也会继续存在。那些在去世之前就能感觉到自己在精神体系中的存在的人们必将发现这种感觉在肉体死亡之后依然留存。这就是"生活在自己的灵魂之中"的含义。

我们现在如何感受生命，同我们能够感觉到的生命之间存在着巨大差别。为了描述这一点，《光辉之书》将它比作一个小蜡烛的光亮同无限光明的光之间的差别，或者比作一粒沙子同整个世界之间的差别。获得精神生命等于实现我们作为人的潜能，这正是仍生活在这个物质世界的我们都应该达到的目标。

睁开我们的双眼

在结束本章之前，让我们做一个小小的练习。设想你自己呆在一个漆黑一团的房间。房间内是那么的黑，以至于你什么都看不见。它非常静寂，没有一点声响。房间内没有一点儿气味，甚至连触摸的东西都没有。它是一个空旷、黑暗的空间。而你在那个空间里呆了足够长的时间，以至于忘记了自己还曾具有的官能；你甚至忘记了这类官能的存在。

突然之间，一股气味产生了。它越来越强烈，并且将你包围起来，但你却无法精确地指出它。渐渐地，新的气味掺杂进来，它们有些浓烈，有些清淡，有些香甜，有些发酸。既然你闻过很多气味，你意识到它们源自不同的地方，而且你处在一个包含着诸如左右、上下之类的方向的空间中。

随后，在没有任何先兆的情况下，各种各样的声音在你的四周响起。有些像音乐，有些像谈话，有些像噪音。借助这些声音，你能更容易地在这个世界找到你的道路。现在你可以估算距离，猜想你接收到的气味和声音从何而来。到了这个时候，你有了整个气味和声音的世界。

过了一段时间，当某种东西碰到你的皮肤时，你就发现了一种新的感觉。不久，你便感到自己触摸到了更多的东西。有些是凉的，有些是热的，有些是干的，有些是湿的；有些是硬的，有些是软的，还有一些你自己也无法确定是什么样的。当它们之中有一些碰到你的嘴时，你有了一种奇怪的感觉：它们有独特的味道。

现在，你生活在一个充满声音、气味以及可让你触摸及品尝的东西的世界。你可以去摸其他的物体，而且能知道你周围的环境。在你没有这些官能时，你甚至无法想象这样一个丰富多彩的世界一直都在那儿存在着。

这就是出生就是盲人的世界。倘若你处于他们的境况，你会觉得你需要视觉吗？你会知道你没有视觉吗？根本不会。

在某种意义上，你可以说我们没有感觉到精神世界是出于类似的原因，因为我们没有灵魂。我们生活在这个物质世界，甚至不知道还有一个我们没有感觉到的精神领域。我们不缺它。我们目前的世界已经够丰富的。日复一日，年复一年，我们一代又一代的人类降生、活着、享受、吃苦，最终走向死亡。在这整个过程中，我们并没有意识到一个全新的生活维度——精神生活的维度——就在那儿存在着。

如果不是现在在我们中间出现了空虚、人生意义的缺陷及冷漠，我们仍然不会觉察到那新的维度。我们之所以不再满足于实现自己的愿望，是因为其他一些东西正在丧失。我们所知晓的人生，以及它给我们带来的那一切，渐渐地不能让我们心满意足。它实际上令人沮丧，因此我们决定抑制这些情绪。我们究竟能做什么呢？每个人都这样生活着。

实际上，这些感受源于一种新的愿望的萌生。这种新的愿望就是我们想从更高的境界里、从超越我们的事物中、从未知的源泉里获得快乐。如果我们真的想实现目前己在我们自身内唤醒的这种新愿望，那么我们将发现这个愿望所渴求的对象超越了我们这个物质世界。

在我们许多人内心萌生的这类愿望，以及随之而来的空虚感的增强，实际上是自然的规划中预先设定自然而然的步骤。这种愿望在我们内心制造这样的感觉：有种超越我们熟悉的世界范围的领域存在，而且我们好奇地想发现它。假如我们能让这种愿望引领我们前进，并且倾听我们内心的声音，我们将唤醒并感知到真正的现实。

第十七章

与自然保持平衡

尽管与本书谈论的中心话题相比，这一章所涉及的内容稍微有一些"离题"，但讲述这些内容可以帮助我们更清楚地了解本书这一部分探讨的许多其他话题。

如今，当个人与社会陷入困境时，一种新的趋势—回归自然—就开始兴起。有些人认为这是一条通向变革的道路，而且希望它能改善他们的生活。可我们必须提出的问题就是："与自然保持平衡，同回归自然这二者之间有联系吗？"换句话说，回归自然能帮助我们与它保持平衡吗？本章将集中论述这些问题及相关话题。

回归自然的意思就是同自然和谐相处，很类似我们祖先的做法。那些支持回归自然的人们渴望更清洁的空气和由有机肥料培植的食品，渴望重新回到昔日那种田园生活。这种现象表现在许多方面，但它们都基于这样一个观点：倘若人类更加接近自然，那么我们会与自然更加平衡，而且总体来讲，我们会感觉更好。

倘若我们能够研究一下古代的部落是如何生活的，我们将会发现他们越走近自然，越接近他们的起源，他们越容易感受到自然爱的力量。在这方面，我想提一下我和灵长目动物学家、人类学家简·古多尔（Jane Goodall）之间的一次交谈。简·古多尔将毕生的精力都用于研究黑猩猩,而且她在它们中间生活了许多年。由于简·古多尔在这一领域的突出贡献,她荣获了许多奖项,其中包括"大英百科优秀奖"、"国家地理协会探索、发现及研究领域哈伯德勋章"、"阿尔伯特·施韦策(德国神学家、哲学家)奖"。

当我询问让她印象最深刻的发现是什么时,她回答说生活在自然中这么多年后,她感受到了自然固有的爱的力量。她说她开始感受自然,倾听自然,而且她感觉到了爱,她觉得没有"邪恶"力量,只有爱的思想。通过长年生活在丛林之中,并与灵长目动物朝夕相处,简·古多尔开始懂得它们的情感。她发现灵长目动物了解自然,能够体验到自然中的关爱。

毫无疑问,这样一种经历非常感人。然而,这并不是我在这本书中所指的那种平衡。回归自然能给当代人带来的最高尚的感情,就是一种对自然的那种爱的力量短暂的、不全面的感受。它只是任何一种动物都能够感觉到的那一小部分。然而,自然为人类设计了一个更高的进化阶段。

我们有充足的理由可以说明自然为何驱使我们走出山洞和丛林,推动我们用一切复杂的体制去发展人类社会。在人类社会中,在高于疏远他人及不宽容待人的层次之上,我们必须在自己同他人之间创造平衡。我们必须运用自己的利己主义来将自己提升到那个状态。回归自然可能是一次奇妙的体验,但它却不能排除我们遇到的问题—人类层面上的不平衡。

回归自然时常会附带其他一些传统教义,比如瑜伽、太极及各种各样冥想之法。这类教义可为人们带来宁静、平和及完整之感。然而,它们却不能帮我们实现自然的目标,因为它们都依仗抑制利己主义,从而逐步削弱它。在这样做的过程中,它们将人的自我主义从"人类层面"退化到更低的层面,也就是在我们自身内划分出来的"动物层面"、"植物层面"和"非生命的层面"。

因此,这些手段实际上会导致我们退步,与自然为我们指引的前进方向背道而驰。自然希望将我们提升到一个比我们的现状更高的阶段,即"得以改正的人类层面"。

自然不会容许我们贬低我们利己主义。我们明显可以看到,在像印度这样的国家中,直到近来,民众依然停留在低层次的自我主义上面,而目前正在遭受利己主义的爆发。近年来,他们已经加入了追求财富和权势的比赛,而且以创纪录的速度放弃了传统和过去社会的准则。

目前席卷世界的利己主义是人类的层面上的利己主义。为了应对这种利己主义,一种截然不同的——不削弱利己主义的方法要出现。卡巴拉智慧是唯一的运用全部的自我主义,并同时改正其使用方式的手段。如今卡巴拉的出现旨在帮助全人类意识到自然的目标,以及让全人类通过作为一个整体升华到崭新的存在阶段。

人类层面上的平衡

为了便于解释,我们将那种依靠把我们目前人类层面的自我主义,贬低到动物、植物及非生命层面而获得的平衡,称为"动物层面的平衡"。动物层面的平衡与人类层面的平衡之间的区别,在于我们如何感觉自然的爱的力量这一方面上。

为了在人类层面上与自然达到均衡,我们必须研究我们自身,发现我们以及全人类正被引向何方,了解我们所处的进化过程,知晓它的开端及最终目的。在这样一个自省的过程中,我们能够经历进化的每一个阶段。离开了这样的过程,我们便无法获得自然的念头。

这种自省能够引导我们在人类层面同自然保持平衡。也就是说,它可以将一个人提升到得以改正的人类的层面。在那种状态,我们能够超越时间、空间及运动的界限,感受到整个现实之流。这个过程的开端及终结是一致的,而且我们能够意识到该过程的所有阶段如何在我们的内部渐渐展现。

这让我们能够感知所有的阶段如何团结以保持和谐,它们彼此之间如何相互依赖,又如何相互影响。这样一来,人从整个演化圈走过之后,便不会再看到时间、空间或过程的起始与终结,因为人会发现一切已事先存在于自然的规划之中。

意识到自然的念头，能够让我们超越现有的阶段，达到一个新的境界，而且它还可赋予我们完整、永恒及无尽的快乐。我们的世界将不再是我们的肉体所生活的这个世界，而是我们的"自己"所生活的精神世界。如果我们感知现实的永恒、高尚与完美，那就说明我们到达了精神世界。

意识到自然的念头，并不是要让我们有种更好的感觉，而是要让我们与自然本身那样，有一种永恒与完美之感。只有置身于那种状态—绝对感知的、得以改正的人类层面的阶段—人才能真正明白为何那些已达到自然力量的人们，将其解释为"好和做好"。

尽管那些将其自我主义从人类的层面降低到动物层面的人们，有时也能感受到自然是仁慈的，可这只是一种动物层面上的感受。在那种状况下，他们感到生理上的和心理上的满足，但这种满足注定是短命的。我们的自我主义在不断地膨胀，并将我们与动物区分开来；它不会让我们长期满足于停留在动物的层面。

另一方面，我们可以说当处于动物层面的人们只是将"好和做好"作为一种暂时体验的状态，处于人类的层面的人们却将其体验为一个持续的过程。这二者之间的差异，类似于完全脱离思想，只关心肉体享乐的人，同利用自己的思想自始至终思考人生的人之间的差异。思考人生的人接触到了一个完全不同的自然的阶段。

在得以改正的人类的层面上感知到"好和做好"的人不会再将人生看作只是为了寻求个人满足；他或她反倒会接触到更高的现实，感受到信息与过程的流动。这样一个人能够从感知自然的完整中获得快乐。这可让人从任何局限中解放出来，并使人不再认为他或她的自我就是自己的那具躯体。

这样的人的思想上升到了一个新的—超越了靠身体感官所能感知的现实的——存在阶段，并且融入自然的念头———个永恒而广泛的领域。因此，当这样一个人的肉体死亡时，他或她仍能感觉到自己的真实自我依然存在。

总而言之，"回归自然"同"与自然达成平衡的精神过程"没有联系。它甚至可能转移我们的注意力，让我们意识不到在自身之内的人类层面上——思想层次上——寻求平衡的迫切需要。

本书这一部分已经讲述了卡巴拉智慧的原理。卡巴拉智慧具体说明了我们已经历的所有进化阶段，以及那些我们为实现自然的目标而必须经历的进化阶段。它指出我们正处在人类意识剧变的起点。人类最终将肯定意识到自然的规划。唯一的问题就是："这还得等多久呢？"

第十八章

人类与卡巴拉智慧

本书的前部分探讨了全球及个人层面的危机，它们的起因及其解决方案。然而，我们却不能忽略涉及以色列的一些特别事项及这个国家每一位公民的生活。我们总是惊讶地发现这样一个小国能吸引世界各地那么多的关注，而且至今它仍处于剧烈斗争的风头浪尖。

以色列人在他们自己的家园发现，个人及国家的安全就像失去色彩的梦想，随着时间一年一年的流逝，梦想愈加暗淡。

如今，在以色列的生活可谓恐惧不断：每一个角落都要设立炸弹躲避处，而且按照法律规定，每一套房子都要有一个用加厚的混凝土建成的"安全间"，安全人员在每一个公共场所的入口都要对人们进行搜查。实际上，以色列自始至终一直战火不断。只有斗争的边界或方式改变着。

如今，在这个大规模杀伤性武器不断扩散的时代，以色列的邻国越来越想摧毁它，以色列人处在生死攸关的时刻。人们的神经高度紧张。在2006年赎罪日前夜刊登的一项调查称："超过50%的以色列居民对国家的生存状况感到忧虑。2/3的人认为类似1973年赎罪日发生的突袭以色列的事件，将来还会发生，而且70%的人不信任目前的政治和军事领导阶层。"

此外，以色列人不但没有能够与其他国家友好往来，而且在祖国内，矛盾冲突与派别争斗的情形似乎比其他任何国家都严重。他们正在被分裂为许多帮派，彼此之间充满敌意。

为何会出现这种情形？他们有何特殊之处？他们注定总要比别人遭受更多的痛苦？他们为何不能和平地生活？为什么世人的眼睛总是盯着他们？在本书的这一部分，我们将澄清以色列在"人类地图"上的位置，看一看是否有摆脱这种严峻状况的途径。为了做到这一点，我们将救助于卡巴拉智慧。因此，在我们开始之前，让我们探讨一下这种智慧的起源，它应对什么，以及它如何与今天的现实相联系。

人们总在寻求获得幸福的方法。数不胜数的教义，无论是旧的还是新的，都设法提供这类方法。然而，人类却一直在遭受磨难。纵观人类历史，人类提出的方法中没有哪一种可以带来人们如此渴望的幸福；因此，今天的人们正在对它们失去兴趣。

就在这个人们深感困惑的关键时候，一种迄今为止被隐藏的方法浮现出来。在历史的各个时期，这种方法的拥有者都将其置于公众的视线之外。另一方面，民众也没有被它吸引。但到了今天，它开始登台亮相，走入公众的视野。而且来自世界各地的所有国家、种族和民族的人们都在追随它。这种教义就是卡巴拉智慧。

世界各地数百万人都已经感觉到通过利用这种方法，他们将得到他们一直在寻求的关于"他们如何才能获得幸福"的答案。这对生活在今天的人们有着强烈的吸引力。尽管大多数人仍然不理解这种方法的实质，但他们在内心深处感到它能提供答案。因此，他们愿意探索卡巴拉所提供的那一切。

为了解究竟是什么让卡巴拉智慧传播到世界各地，我们必须回到人类的摇篮─古巴比伦的美索不达米亚。这是今天这一代人正在完成的人类漫长进化过程的开端，正好这个过程吸引着人们关注卡巴拉。

卡巴拉智慧解释说，人类的进化从本质上来讲，就是追求快乐的愿望的进化。这种愿望一代代地进化着，而且它促使我们去实现它。

早在5767年前（根据希伯来历及2006年本书作者写这段文字时的日期推算），人的内心里第一次出现了生存愿望之外的其他一种愿望。尽管在亚当之前曾生活过许多代人，但他是第一位内心产生了理解自然的愿望的人。他的名字叫亚当也并不是一种巧合，这是因为它来源于Adamme la Elyon（我将变得和至高无上的上帝一样）这句话。人们依照他的那种超越自身品质，以及变得与自然的利他品质相同的愿望，将他称为亚当。亚当将他的发现传授给他的后代。《天使拉齐尔》（Raziel ha Malaach）被认定是他所写的书。

亚当发现精神世界的那一天，被称为"创世日"，在这个特别的日子里，人类第一次与精神世界建立联系，这就是为什么希伯来历从这一天开始。

按照自然的规划，人类将要在从这一天开始算起的6000年时间里，实现与自然的平衡，即完成人类自我主义的最终改正。这就是为什么《犹太法典》记载着"世界存在6000年"。在那段岁月里，人类的利己主义不断滋长，它迫使我们意识到必须对它进行改正。改正的手段及其实施的方式也会向人类讲述。

亚当之后的几代人居住在以古巴比伦为中心的区域，人类利己主义第一次爆发的地点就在那儿。它带来的结果就是人类想支配自然和世界，并利用一切来为他们的自身利益服务。

这次爆发的利己主义被讽喻为建造通天塔："来吧，让我们给自己建设一座城市和一座通天塔。"（摘自《创世记》11:4）巴比伦人的小算盘最终落空了，这是因为直接满足利己心是不可能的。

随着利己主义的增强，人们彼此分离。以前，生活在巴比伦的人们亲密无间，就像是一个人一样。但到了现在，当自我主义开始在他们之中挑拨离间时，他们不再相互理解。这一时刻被描述为"不同语言的出现"。这样一来，仇恨让他们相互疏远，他们从此分散到世界各地。

然而，在那些巴比伦人中间，有一位名叫亚伯拉罕的人随着自我主义的增强，产生了一种了解人生秘密的愿望。它和当初亚当内心出现的那种愿望是一样的。

直到那个时候，亚伯拉罕还一直在帮助父亲制作玩偶并拿出去卖掉赚钱。可一旦亚伯拉罕开始感到偶像无法再满足他日渐增强的愿望，他就去寻求更高的力量。这个例子代表了亚伯拉罕那时的感受：他把每一种私欲都当作偶像一样来崇拜，顺从他的私欲，听从它的摆布。

这样一来，亚伯拉罕开始觉得这样的人生毫无出路。他感到如果自己想上升到一个更高的人生境界，那么他必须"废除心目中的这些偶像"，并且努力去摆脱利己心的控制。

当亚伯拉罕的确这么做时，他发现了自然的力量，并将它称为"上帝"（Elokim），根据Gematria（将希伯来字母用作数字的一种方法）中，"Elokim"等同于"Teva"（自然）。亚伯拉罕认识到自然的力量让所有人必须同它保持平衡，而且失衡就是一切痛苦磨难的根源。

当亚伯拉罕沿着探索的道路继续前进时，他发现自我主义包含613种愿望，而其中的每一种都必须顺应自然的利他法则。也就是说，在每一个愿望中，人必须达到"就像爱你自己一样爱你亲近的人"这种服务他人的状态。

当我们进行每一种愿望的改正时，即以利他的非利己的方式来使用它们，卡巴拉将此称为"执行戒律"。这指的是我们改变了实施愿望的意图，而不是指任何行为。

与自然保持平衡—超越自我主义—的方法是由亚伯拉罕发现的。它被称为"卡巴拉智慧"。《Sefer Yetzira》（《创造之书》）也是由亚伯拉罕所写。

亚伯拉罕随后开始向他的民众—古巴比伦人—传授这种智慧。据《创世书》84：4）记载："亚伯拉罕将带领他们回到他的家园，给他们食物和水，而且让他们更加亲密地走到一起来。"然而，大多数人对改正自己利己心漠不关心。

亚伯拉罕和他的妻子萨拉锲而不舍地传授这种改正方法之后，成功地组织了一个小组。从属于它的人们成为人类历史上第一个卡巴拉学者的团队。后来它被冠以"以色列"这一名称。

从此时起，人类就被划分为两个类别：卡巴拉学者与其余的人们。随后，利己主义无论在卡巴拉学者身上，还是在其余的人们身上都不断演化，只不过它在这两类人身上的演化迥然不同。卡巴拉学者在想方设法超越利己主义的同时，不遗余力地与自然保持平衡；而其余的人们则在寻求着满足利己主义的新方法。

人类经过一代又一代不懈的努力，取得了伟大的成就。人们一直相信他们很快就能够得到绝对的满足。然而，在新希望出现之前，他们越来越感到空虚。今天，利己主义已经到了其最终的阶段；因此，许许多多的人们都感觉到数千年来一直演化着的利己主义产生的只是孤独无助和一场遍及各个领域的全球危机。

这种意识让人类重新回到巴比伦时代的那种状况。然而，如今人类已经遍及地球的各个角落，而且人类的数量已经达到几十亿，这一次他们做好了倾听的准备。现在，适应亚伯拉罕所发现的手段的时机已经成熟。该手段教给每个人如何正确地使用他们的利己主义，如何实现与自然的平衡，以及如何感受到自己像自然一样永恒与完整。

还在不久之前,卡巴拉学者一直被迫向人类隐瞒着这种手段。他们必须耐心地等待着利己主义发展到最终的阶段,也就是说人类对满足个人的私欲彻底绝望的阶段。他们等待着这样一个时机的到来:人们需要一种改正方法,而且感到在所有的教义中,疗治一切痛苦创伤的灵丹妙药只能从卡巴拉智慧中找到。如今,既然这些条件已经具备,昔日审慎地隐瞒这种方法的卡巴拉学者们开始将它公之于众。这就完成了历史周期,而且现在全人类作为一个整体,能够达到与自然的平衡。

在一篇名为《弥赛亚的号角》的宣言中,伟大的卡巴拉学者耶胡达·阿斯拉格指出,人类摆脱困境的唯一依靠就是传播改正之法:"我们这一代人站到了拯救的门口,它会实现,如果我们知道如何去向民众传播卡巴拉智慧。"

他强调说,卡巴拉智慧必须被传播给这个世界的每一个人,并且将它比作Shofar(古代希伯来人在作战或举行宗教仪式时吹的羊角号)之声:"而且卡巴拉智慧在大众中的传播,可被称为Shofar,就像这个角号的声音能传得很远那样,卡巴拉智慧之声将响彻全球……"

以色列人的诞生

想让今天这种改正方法能够兴起和引导世界同自然保持平衡,它应该一代一代地相传并演变。这种过程早在亚伯拉罕那个时代,就在那些卡巴拉学者中间开始了其数千年的发展。

亚伯拉罕的手段被几代人运用之后,在那些卡巴拉学者的团队之内,自我主义也得到强化。在那样一种状况下,为了应对新的自我主义,他们需要发现一个在更高明的与自然保持平衡的方法。

这个新方法的提供者就是摩西,那个时代伟大的卡巴拉学者。摩西带领民众出埃及,即新的自我主义的控制,教育大家作为一个体系的组成部分,"如同一人一心"。由于那团队规模变大,它就现在被称为"国民"。然而,从遗传学的角度来看,它是亚伯拉罕所属的古巴比伦人的一部分,甚至今天的科学也证实了这一点。

摩西的那种同自然保持平衡的方法,是亚伯拉罕方法的延续。它被称为"Tora"。"Tora"在这儿并不是指我们所熟知的、作为历史文献的《摩西五经》,而是指一种改正自我主义的方法。"Moshe"(摩西)这个词语象征着推动(在希伯来语中,用来表示推动的词语是"Moshech")人们摆脱自我主义统治的力量。"Tora"这个术语源于"oraa"(指导)或"or"(光)。换言之,"光"是一种改正人的力量,也是一种充满了已经改正的利己心的人的满足。

这样一来,这些卡巴拉学者们不断地取得进步。通过实践摩西的方法,他们改正了内心里所浮现的一切私欲,而且他们的愿望在得以改正后所得到的满足(乐趣与光),被称为Beit ha Mikdash(圣殿、神圣之殿)。圣殿就是他们改正后的愿望,现在已演变为一座充满神圣——利他的品质、自然的品质的宫殿。

当孩子们降生时,他们被按照改正方法来抚养,而且达到了精神世界。在这种情形下,人们就生活在对普遍的、集体的自然的感受中,直到自我主义再跃上一个层次,导致他们丧失那种感受。摆脱置身自然的那种感受,被称作"圣殿的毁灭",而新的自我主义统治则被称为"流亡巴比伦"。

在第一座圣殿毁灭之时突然兴起的自我主义的改正,被称为"从巴比伦流亡中回归,并且建起第二座圣殿。"然而,这一次民众则被分裂为两个类型:有些人成功地改正了利己心,而另一些人则被他们利己心所征服,无法改正它们。自我主义也在第一类人中间慢慢地增强,直到全体民众都失去置身自然的那种感受,而且人们开始落入精神的隐蔽之下。自我主义的这种统治被称为"第二座圣殿的毁灭",人们开始踏上另一次,也将是最后一次的流亡之路。

利他品质的毁灭致使全体民众失去了无所不包的自然之感,只有一些生活在各个时代的卡巴拉学者除外。这些卡巴拉学者生活在公众的视线之外,不断地发展着改正人类本性的方法,并用它来应对日渐增强的自我主义。这些卡巴拉学者的任务就是在以色列和整个人类都需要的时候，为他们准备一种行之有效的方法。

改正方法的演化

公元2世纪发生的最后一次流亡期间，西蒙·巴·约海（Shimon Bar Yochai）及其弟子撰写了《光辉之书》。该书讲述了改正方法，以及一个人在与自然保持平衡时所能体验到的那一切。它还揭示了人类进行自我主义的最终改正之前，将会经历的每一种状态。然而，它是借用暗示及讽喻的手法来讲述这些道理的。

还应该指出的是，即使《光辉之书》是在当时的人们走上流亡之路之前所写，但它却声称本书只有在这次流亡结束之时才会被发现。也就是说，它的到来将让精神流亡终结："因为以色列注定要品味"生命之树"，它就是这本《光辉之书》，借助它的引导，他们将仁慈地摆脱流亡的境地。"（《光辉之书》第90条）

《光辉之书》还写道，在一个长达6000年的时期行将结束之时，人类自我主义改正的过程也将接近完成，到了那个时候这本书将被展示给全人类："当临近弥赛亚之日时，甚至连这个世界的孩童都注定要发现这种智慧的秘密，并从中了解到拯救的目的和其实现的时期。到了那个时候，它将被公之于众。"（《光辉之书》，第460条）

因此，《光辉之书》刚被写完，就立即被藏起来。这本书下次出现了在13世纪，在西班牙。后来，在16世纪，也就《光辉之书》问世1400年后，Ari（以撒·卢里亚，Isaac Luria）出现在侧法特（Zephath），卡巴拉学者所生活的以色列北部的一个城市。Ari用系统、科学的语言，阐述了《光辉之书》介绍的改正方法。他还非常详细地描述了自我主义改正的几个阶段，并强调这种改正将让人类同无所不包的自然保持平衡。他在自己的著作中还描写了最高的世界，并讲述了人们如何才能被接纳到那种现实中，并在那儿生活。

然而，由于在Ari生活的那个时代，自我主义还没有完全展示它的能量，因此能够了解Ari及其教义的人寥寥无几。这是由于自我主义越是发达，人理解的程度就越大。

当改正阶段结束时，它将自我主义带到最后一个层次上。随之而来的危机迫使人们必须想出彻底改正利己心的方法。如今，许多人已经需要这种彻底改正的方法，而且他们能够掌握以前只有极少数的人才能掌握的智慧。这就是为什么完整的改正之法直到今天才被披露。

耶胡达·阿斯拉格（1884~1954）对《光辉之书》及Ari的著作做了解释，以便我们每个人都能够理解它们。在《卡巴拉的教义及其实质》中，他写道："我对自己能够出生在这样一个允许将真理的智慧公之于众的时代而感到高兴。倘若你问我，'我怎么知道它被允许了？'我会回答说，这是因为我得到了揭示这种隐秘智慧的许可。"

耶胡达·阿斯拉格的主要作品是《对〈光辉之书〉的 Sulam（即阶梯）的注释》。在这本书中，他将《Zohar之书》从阿拉米语中翻译为希伯来语，而且对它做以详细的注解。此外，他还著有《10个Sefirot的教育》，在这本书中他阐释了Ari的作品。

除了这些长篇巨著之外，耶胡达·阿斯拉格还写了许多文章，来阐明如何建立一个同自然保持平衡的人类社会。他解释说他之所以能这样做，是因为这一代人需要一种清晰、系统的改正自我主义的方法。

"借助我的这一代，我能够揭露这一智慧"。（《卡巴拉教义及其实质》）

如同卡巴拉学者所预言的，在20世纪末看见了人类演变的新纪元的开始。现在，无数人已经被卡巴拉所吸引。回溯到18世纪，Vilna Gaon指出，1990年是大众开始改正的一年，这写在他的书中，《斑鸠的歌声》（《Kol ha Tor》）。耶胡达·阿斯拉格在1945年在和他的门徒的对话中则把这一年定为1995年。

通过这种方式显露对卡巴拉的兴趣并不是个巧合。卡巴拉学者解释，如果我们一直等到6000年末都不进行我们的改正利己主义的进程，我们将遭受可怕的苦难，世界人口大多数将在恐怖的战争中灭绝，而少数幸存者仍然需要实现自然的规划。

在之于最后一代的文章中，耶胡达·阿斯拉格解释道，"……发明了原子弹和氢弹。倘若人们尚未清除这些炸弹所能够对世界带来的毁灭的威胁，就可以等到第三次乃至第四次世界大战发生。就在那个时候，炸弹将履行其职责，而生命被毁灭的那些人不得不承担起任务。"

换言之，如果我们只是表示"Que sera sera"（顺其自然）并且不采取任何行动，那么自然就会迫使我们在目前距离 6000 年这个期限还有的 233 年里，通过遭受可怕的痛苦来完成必要的自我主义的改正。这个痛苦的过程被称为"在其期限内需要完成的过程"，意思指的是"在自然分配给我们的时间内需要完成的过程。"

然而，我们遭受的痛苦将会加剧强烈，直到受苦的每一刻将会成为永恒；时间感知毕竟是心理上的问题。实际上，我们已经能够感觉到我们的人生正变得愈加艰难，而这只是刚刚开始。

但改正进程根本没有时间限制。就像卡巴拉学者从古到今一直都能达到与自然的平衡一样，任何人今天就可以着手做同样的事情，并可体验到同样的完美与永恒。根据这条道路进行改正，我们加快时间。无论采取这条道路或那条道路，我们都必须实现同自然的平衡，甚至死亡也无法让一个人逃避这个按照自然法则的规定必须完成的改正的过程。

在两条道路之间做出什么样的选择，取决于我们的意识，而这种意识要么通过遭受痛苦来演化，要么通过自省来演化。借助卡巴拉智慧，我们便能够通过自省来让自己的意识得到演化。卡巴拉智慧论述了我们的状况，解释了我们应该达到什么样的状态，并且提供了达到那个状态的方法。因此，人类有可能像卡巴拉著作中讲述的"弥赛亚之日"的情形那样，需要经历 233 个难以忍受的痛苦之年，或者有可能在不受限制的时间内来改正自己。而在这样一个十字路口，以色列的角色至关重要。

以色列的使命

由亚伯拉罕的卡巴拉学者的团队的后代形成了以色列人。在我们开始探讨以色列的使命之前，认识到这儿完全不存在民族主义问题是非常重要的。正如耶胡达·阿斯拉格在其文章中所说："苍天不容，民族主义涉及这一点吗？当然了，只有精神不正常的人才会那样想。"以色列人并不比其他国家的人优越，但其在自然的规划中的确扮演着特殊的角色。人类就像一具躯体，体内的每一个器官都有各自的功能。

卡巴拉学者不无讽喻地声称，在刚开始的时候，改正之法被提供给每一个国家，因为"达到创造的目标是全人类的，无论是白种人、黑种人还是黄种人，都责无旁贷。"（摘自耶胡达·阿斯拉格的《相互担保》）然而，当人类被赠予 Tora（即改正之法）时，没有哪个民族做好了接收它的准备。显然，人类尚且不需要它。出于这种原因，以色列人得到了这种方法，以能够发挥一个"中转"的作用，等到将来全人类最终都意识到它的必要性。

以色列人同其他所有民族的人都有所不同。他们就是在巴比伦居民中由亚伯拉罕建立的卡巴拉学者团队。他们的使命就是在人类历史上一直保存好改正的方法，直到每个人都对其产生迫切需求。到那个时候，这一团队，也就是我们目前所称的"以色列人"，就能够意识到他们的角色，以及将改正方法传播到各个民族。

卡巴拉学者的团队降落入利己心的控制之中后，他们内部里产生了一种复杂的而又独特的利己主义。出于这个原因，在犹太人生活于其他国家中时，加速了世界的演化。

世界民族并没有积极进取的足够动力，而以色列的角色就是激励他们朝着自我主义演化的方向前进。由此可见，犹太人引领了文化、科学、经济及技术革命。这一切都将让人们及早意识到，自私自利的本性只能让全世界走入一条死胡同，而且我们必须改正它。如今，随着我们日益认识到改正自我的迫切需要，我们应该学会如何去实践改正的方法。

这个过程有几个不同的阶段。首先，以色列人必须改正他们自己，重新赢得他们在大约 2000 年前失去的同自然的平衡。为了做到这一点，他们必须认识到他们背离的那种改正方法，并且开始利用它。一旦他们做好这件事情，他们就能够给全人类树立一个利他主义的榜样，并且能够实现他们作为"给民族的光"的角色。

当改正的方法从以色列那儿传播到世界的其他地方时，自然的规划中的第二个阶段—全人类的改正 一将会被认识到。这样一来，"当以色列的孩子们被完美的知识所充实时，智慧与知识的源泉将流过以色列的边界并充满'世界民族'。"

回到以色列之地

以色列人重新回到以色列之地，是自然的规划中事先设定的事情。为了理解这一点，我们必须懂得"以色列之地"在精神层面上的含义。而为了达到这一目的，我们还必须了解卡巴拉学者所用的语言。

当卡巴拉学者达到与自然的平衡时，他们发现了一部分超越自私自利者的感知范围的现实。他们将那一部分现实称为"更高的世界"或"精神世界"。一旦他们发现精神世界的每一个元素都飘落到我们的物质世界，并以一定的物质形式展现出来，他们就将精神世界的这些元素称为"根"，而将它们在物质世界的显现称为"枝"。这样一来，在精神世界与我们的物质世界平行的基础之上，"根枝言"便应运而生。

在枝言中，"地"（希伯来语的 Arec）的意思是"愿望"（Racon），而"以色列"（Israel）的意思是 Yashar El（即"直指上帝"）。在这种情况下，"以色列之地"（Erec Israel）的意思就是"渴求进行利他的行为"。

在"第二座圣殿"毁灭之前，生活在以色列这片土地的那几代人已经感知到了精神世界。当时，以色列人所达到的精神层次，同他们在这片以色列土地上的物质存在之间和谐一致。因此，以色列人值得存在于那样的境界中。后来，随着人们丧失掉自己的精神阶段，以及沦落到受自己私欲支配的地步，又由于以色列人所处的精神阶段同他们在以色列这片土地的存在并不和谐，因此这种不和谐最终导致了"第二座圣殿"的毁灭，以及在以色列之外的流亡。

在过去，尽管以色列人从精神世界的下落，先于他们流亡到其他国家去生活，可今天的局面倒置了过来。以色列人首先返回他们以前曾生活过的这片土地，这一次，他们的物质回归先于他们的精神回归，但精神之根与物质之枝之间的和谐一致必须被重新建立起来。以色列人必须顺着他们以前降落的那条路再次攀登上去，只不过顺序同以前正好相反：物质回归在先，精神回归次之。

因此，以色列人必须达到精神的阶段，称为"以色列之地"，而这就是为什么改正方法正在展示给他们。只要以色列没有经过改正，那么它的民众就无法舒心地生活在这片土地上。没有精神理想，是不可能生活在以色列；因为没有与精神世界的一致，自然的力量干脆不容许人们在那里轻松愉快地生活。

为了鼓励以色列国土上的居民上升到精神阶段，即"以色列之地"，现实对他们而言显得格外不安全、不平静。其他国家给以色列施加的所有压力，以及政治、社会的内在危机，甚至个人生活中出现的危机，都迫使他们向着他们来到世间应该追求的真正目标迈进。

"简而言之，只要以色列人不让自己的追求超越物质生活的目标，那么他们就不可能做到物质的复兴，因为精神上的他们与肉体上的他们无法和谐地生活在一起，这是由于他们是精神观念的继承人。"（摘自耶胡达·阿斯拉格的《流亡与拯救》）

《光辉之书》和每一代的卡巴拉学者已经宣称流亡在外的以色列人开始回归的时候，预示着整个世界的改正必须拉开帷幕。因此，当在外流亡的民族返回以色列时，伟大的卡巴拉学者、以色列的第一位犹太教会众领袖拉比库克（Kook）非常坦率地说：

"到了现在这个时候，每个人都应该知道，拯救以色列及拯救全世界的唯一依靠，就是将卡巴拉智慧的秘密用清晰明了的语言向世界各地广为传播。"（摘自《拉亚的书信》第92页）"只有当我们成为我们应当成为的那种人时，人类才能重新具有人道主义情怀。这是一种至高无上的美德，它的实质值得期内的精神之光。理所当然，它将升华，以及在它的伟大

之中将认识到它的幸福。"（摘自《光辉之书》第155页）

我们应该知道，以色列人并没有被计算进世界上的70个民族之中，他们却被视为一个志在向全人类传教改正方法的特殊群体。倘若"以色列之地"不是一个精神的民族生活的地方，它在这个星球上将不会存在。因此，以色列人只有履行自己的使命，才值得生活在那片土地上。否则，他们将不会被视为"以色列人"，而那片土地也不会被视为"以色列之地"。以色列随后就会成为排斥、驱逐这些人的地方，成为一个无法在其土壤支撑起这个民族的地方。"一个吞噬其居民的地方"（摘自《旧约全书》第4卷13:32）

耶胡达·阿斯拉格曾预言，如果不作出任何积极的改变，犹太人在以色列这片土地上的生存将处于危险之中。在《最后一代》这本书中，耶胡达·阿斯拉格指出，情况将愈加恶化，许多人都会离开以色列，"越来越多的人为了避免痛苦而逃离以色列，剩下来的寥寥无几，不值得被称为"国家"，甚至他们会被阿拉伯国家吞没。"

让民族团结起来

倘若以色列人的确希望像他们的国歌中所唱的那样，在他们那片土地上作为一个自由的民族，那么他们必须选择在他们衰败及流亡之前曾支撑过他们的那种途径。在今天充满着分离、疏远和仇恨的地方，他们必须再次成为一个体系中亲密无间的组成部分，并与无所不包的自然融合。实现这种团结并超越我们的自我主义，就是积极采取改正之法。

实际上，以色列人之所以会聚在以色列的这片土地上，主要是因为他们有这样做的必要。自然的规划使'世界民族'对他们施压，迫使他们离开散居的国家，回到以色列并找到庇护所。对绝大多数人而言，他们来到这儿，是将其作为一个避难之地，以免遭敌人的压迫，或者为了改善自己的物质生活。他们来到以色列，并非因为他们内在地被推动在爱的基础上团结，并创造一个统一的民族，与利他的自然保持平衡，随后引领全人类实现这一目标。

最终，以色列民众现在的关系还无法让他们直面那些反对以色列的国家，因为这些国家的民众要远比他们的民众更团结。以色列的敌人显然意识到了他们的弱点，正如巴尔·伊兰大学中东历史系主任齐夫·马根（Zeev Magen）博士所言："伊朗人和其他原教旨主义者认定以色列人是一个缺乏一致原则的社会。此外，他们相信我们已经得出'原则一致的社会结构并不存在'的结论。因此，那些原教旨主义者非常乐观地认为他们迟早会击败我们，并将我们赶出这儿，或者至少颠覆我们的主权。稳定的一方总能战胜不稳定的一方。因此，在他们眼里，我们剩下的日子已经屈指可数。近来，一家阿拉伯报纸发表的一篇文章在结尾用了（伊朗前总统）哈梅内伊的一段话，而他的这段话引自伊斯兰教的《古兰经》："犹太人不会团结起来同你们作战。你们觉得他们是团结的，但他们内心各有所想，并不团结。"

倘若以色列人能够共同意识到他们对这个世界应尽的义务，那么他们才有可能团结在一起。他们并不是要抱成一团，以便以牺牲其他民族或国家为代价来改善自己的境况。卡巴拉智慧所谈论的"民族主义"概念，同"传统的民族主义"大相径庭，就如同东方与西方大相径庭。以色列人不要将自己视得高人一等。

恰恰相反，"被选的人"意味着这些人被选出来，是要服务于所有民族的。他们的义务就是帮助民众实现与自然的平衡，并达到伟大兴旺的精神阶段。以色列人必须将自己视为实现这一目标的手段，而不是高高在上之人；而且只有当他们内部团结一致时，才能够做到这一点。

以色列人冒着各种威胁毅然返回以色列，这是自然的规划的一部分，这让他们有机会发现自己对团结的内心需求，发现自己有义务去创造一个可引领全人类走向完美的民族。

他们目前未能在以色列创造一个团结的社会，这并非偶然。他们被分裂为许多帮派：世俗对宗教、"左派"对右派、德系犹太人对西班牙犹太人、以色列的本地人对新移民，等等，不一而足。他们为走向团结所做的一切努力，到目前为止都是徒劳。社会裂痕在拉大，仇恨与敌意在加深。最近的一项调查表明，甚至到了今天，57%的以色列民众都认为由于未被发现的仇恨，以色列国家时刻处于危险之中。

在目前这种状况下，他们必须静下心来，发现他们的根，明白他们从何而来以及他们是如何成为"以色列人"的，找到民族赖以建立的原则及民众的目标。以色列这个国家建立在精神理想的永恒基石之上，只有当他们依赖精神的理想真正地"生活"，才能团结起来，从而推动世界各地的所有民众走向团结。

反犹太主义

这个世界上的所有灾难都是由以色列导致的。
——摘自《塔木德经》63:1

了解了以色列的角色，我们就能够比较容易地理解反犹现象，并且知道如何去解决它。反犹太主义以及世人为这个世界发生的不幸事件指责犹太人的根源，正是以色列存在的部分目的：为世人提供一种改正自我主义的方法。以色列人的命运取决于他们意识到自身使命的方式。

只要以色列人不在他们自身之上践行改正之法，并且不将它传播给世界的其他民族，那么人类与自然的不平衡将会继续加重。这将进一步增加消极现象在全人类及每个人的生活中出现的强度及频率。时至今日，这种现象已经严重到了引发一场全球危机的程度。

反犹太主义随着民族的演变而日渐抬头。在潜意识中，那些民族觉得他们的幸福取决于以色列人。这就是为什么对待犹太人的消极态度明显地出现在发展比较快的民族之中。让人毫不吃惊的是，德国这个 20 世纪初最发达的国家，也曾掀起过可怕的反犹太人浪潮。一个民族的自我主义越发展，他们内心复苏的那种对犹太人的仇恨就越强烈。在有些民族，它表现为暴力行为；而在其他一些民族，反对犹太人的做法却得到默许和支持。

如今，自我主义的演化导致世界上大多数民族憎恨以色列。甚至连以前同情以色列的国家，比如北欧的一些国家，也加入了仇视以色列的行列。欧盟进行的调查表明，欧盟 60% 的人都认为以色列是一个给世界和平带来最大危险的国家。比如，在荷兰，高达 74% 的人支持这一观点。调查还显示，以色列在受过高等教育的人们的心目中的形象越来越差。

除此之外，一些看似"无足轻重"的国家也在发表公开反对以色列的声明。甚至连个别同以色列没有直接交往的国家都表明了反对犹太人的态度。所有这些现象都源自创造的本质，这正如所讲的："众所周知，以扫憎恨雅各。"

应当指出的是，其他国家之间的交往方式，同这些国家与以色列的交往方式存在着非常大的差异。甚至连两个敌对国家在面临的共同威胁时，也将会团结起来，就像动物为逃避危险而联系起来一样。然而，所有民族对待以色列的态度截然相反，即使在遭遇威胁的情况下。他们会对以色列人横加指责，似乎他们的危险境况都是以色列人造成的。

目前，许多民族认为这个世界上没有真正属于以色列人的地方，甚至连以色列国家所在地也不属于它。这种观念源于他们本能地觉得以色列人就是一切困境的祸根。然而，甚至连这些民族也无法有意识地向他们自己或向以色列人作出解释。

实际上，犹太人也无法理解为何每个人都憎恨他们，为何他们会感到那奇怪的愧疚。似乎他们亏欠了那些民族许多，别人这样消极地对待他们是事出有因。

其实，反犹太主义的消长并不取决于其他民族，而只取决于以色列所实现的使命。以色列人不要再指望任何国家帮助他们，或者寄希望于整个世界对他们的态度会变得更好。恰恰相反，倘若他们不去努力实现自己的伟大使命，甚至在那些今天看似支持他们的国家中都会滋长对他们的憎恨。

伊斯兰教的兴起

除了反犹太人的情绪日益高涨之外，近来还有一种现象给以色列人的局势造成了很大影响：基督教正将其主导地位拱手让给原教旨主义的伊斯兰教。《光辉之书》将这个过程描述为以色列返回自己的土地时将会发生系列事件之一："以实玛利的后代注定要在这个世界发动战争，而伊多姆的后代则会聚集起来，同他们开战。"（《光辉之书》第203条）

当我们研究伊斯兰教的兴起时，就像研究任何一个过程一样，我们必须首先明白这个世界发生的一切事情，都是现实的潜在力量平衡的结果。例如，我们无法感觉到地球重力；我们无法看到它或触摸到它，但我们却能够感觉到它作用的结果。我们检验着它的结果，从而懂得如何去应对它。

同样道理，现实中也有一些影响人类社会的力量。然而，不同于影响比人类层面更低的那些层面（自然及我们自身内的静止层面、植物层面和动物层面）的力量，我们既无法清晰地识别影响人类社会的力量，也无法明确地判定它们带来的后果。之所以会出现这种情况，是因为研究某一种现象需要从一个更高的角度去观察它。比如，一个孩子无法去理解做一个孩子意味着什么。同样，我们目前尚且无法理解影响我们层面—人类层面—的力量。

然而，既然现实是完整的，就在自然的力量影响自然的所有层面那样，人类社会也受到自然的力量的影响，即使这些力量隐藏在我们的视线之外。实际上，我们在人类社会中、在人类关系中、在人们之间及国家之间观察到的所有现象，都是自然的力量作用的结果，这种自然的力量像一个牧羊人赶着一群羊一样地操控人类社会。

倘若我们想改变自己的境况，那么我们就必须了解这些力量，并在它们影响我们的地方来影响它们。由于自然的力量从高于人类层面的那个层面影响我们，因此那个层面被称为"自然的更高的层面"或"精神世界"。

卡巴拉学者是这样描述这种做法的："甚至连这个世界上的每一个草叶都得到超越它的天使（力量）的关照，天使会轻抚着它，并告诉它说，'生长吧！'"这也就是说，倘若没有一种来自更高的精神世界的力量在操控，我们这个世界的任何事物都不可能发生变化。

因此，为了从总的方面了解宗教间的关系，从具体方面了解伊斯兰教的兴起，我们必须知道宗教的精神源量：三条线。实际上，人类朝着与自然均衡这一目标的演化沿着左线、右线和中线这三条线展开。这条道路具有许多阶段，在每一个阶段上人从左线那儿获得自我主义，从右线那儿获得利他的使平衡的力量（用以改正自我主义）。我们的任务就是将这两条线合并到中间，也就是说，利他地使用自我主义。

与这些线相对应地形成一个旨在支撑它们的体系，这个体系的作用，就像包裹着果肉的水果外皮的作用一样。出于这种原因，这个系统被命名为"Klipot（即外壳、被削的皮）体系"，它的任务就是保证这三条线正常运作。

右线力量和左线力量不断在人类社会作用的结果，分别形成了伊斯兰教和基督教。

左线和右线帮助以色列保持一条实现自然规划的中线。在流亡期间，作用于以色列的自然力量主要源自左线。但在人类的自我主义改正行将结束之时，右线则起着越来越明显的作用。在流亡期间，民族演化的特征就是自我主义的加强。因此，左边的Klipa（Klipot的单数）成了设计以色列人并将其与世界其他民族区别开来的支配力量。它借助憎恨以色列人——也就是反犹太主义——才做到了那一点。在这样做的过程中，它保护着以色列人在流亡的几个世纪里不被世界其他的民族所同化。

然而，自从流亡结束时起，这一力量就不充足了。目前，右边的Klipa——与平衡的力量相对立的那种力量——必须被唤醒，而且引导以色列获得真正的利他的品质。

自然的内在力量操控着人类社会的元素：民族、国家等。因此，自以色列流亡时起，左边的Klipa，即基督教，统治着我们的世界。它取代了雅典和罗马（这两个国家的信仰不是宗教，也不属于Klipot的体系），支配着这个世界，并压制着其他所有的方法。

然而，当以色列必须改正自己，并且努力摒弃利己主义，获得利他主义的时机到来之时，右边的 Klipa 的力量开始在世界各地占据支配地位。这就是我们今天所感觉到的伊斯兰教的力量在全球超过基督教的力量。

当以色列人开始应对这两种 Klipot，并使他们自己站在中线上时，他们将会邂逅中线的 Klipa。它蕴含于他们的自身之内，蕴含于他们自己的宗教之中（即犹太教），而且他们将不得不识别它、分离它，并从世界中根除它。

我们应该意识到卡巴拉学者所描述的所有战争，都可以在一个比人类社会层面更高的——我们的愿望层面来决定。如果我们在那儿取得了胜利，成功地认识到了改正方法，而且学会利他地利用利己心，那么我们将会建立中线，在那种状况中，战争就不必成真了。

我们应当记得，对我们同自然之间平衡或失衡的措施，决定着物质的、外在的现实，以及我们将遭受的痛苦的强度。由于现实中的唯一朝着更好或更坏的方向推进的积极部分就是以色列人，因此变革的钥匙就掌握在他们手中。

内在性与外在性

不忘记，世界上的一切事物都有其内在性及外在性。以色列、亚伯拉罕、以撒(希伯来族长，犹太人的始祖亚伯拉罕和萨拉的儿子)及雅各的子子孙孙通常都被视为世界的内在性，而 70 个民族则被视为世界的外在性。
——摘自《对〈光辉之书〉的序言》

以色列人类似于人的身体的主要器官——大脑、心脏、肝脏、肺脏和肾脏，它们操控着身体的其他器官。当这些器官运行不良时，全身就会感到痛苦，人就会得病。

因此，治疗人类自我主义的过程，依仗疗治以色列人的成功。剩余的其躯体部分都会顺利、容易地得到治疗。由于自然的规划将以色列人置于掌管世界状态的位置，他们被视为世界的内在性，而其他的民族则被视为世界的外在性。

实际上，无论你检验什么事物，你都会发现它包含着一个内在部分和一个外在部分。事物的内在部分被称为"以色列"，而外在部分则被称为"世界民族"。例如，任何一个有了改正自我主义的那种意识的人，包含着两个类别的愿望："以色列"——渴望获得同利他的自然的平衡；"世界民族"——利己的愿望。

只有当一个人所有的私欲同利他的自然达成均衡时，同自然的完美平衡才能得以实现。这样一来，只有当所有的人被改正时，我们才能实现人类利己主义的完全改正。然而，根据自然规划所制定的改正秩序，那些属于以色列民族的人们却能对这个过程产生决定性的影响。

倘若一个来自以色列的人能让自己的内在性—利他的愿望超越自己的外在性—利己的愿望，那么他或她就能够在以色列及世界民族之间强化内在性。在这样做的过程中，以色列人在履行自己的使命方面向前迈出了关键的一步，而且它所带来的结果就是世界民族将会渴望支持和接近那个人。

另一方面，倘若一个来自以色列的人非常欣赏自己利己的外在性，并将其置于自己的利他的内在性之上，那么他或她也会在所有的其他层面上将外在的价值置于内在的价值之上。它所造成的后果就是以色列人与自己的使命背道而驰，而且世界民族将征服他们，降低他们的身份。

卡巴拉学者耶胡达•阿斯拉格将这种把以色列人定位于整个现实关系的设计者的感知，是这么表述的："一个人的行为既能够让整个世界提升，也能够让它下降，我们不要对此感到惊讶……此外，整体中所含有的一切，在每一个组成它的部分之中也存在。"（《对〈光辉之书〉序言》第 68 条）

卡巴拉学者库克在他的著作《圣洁之光》（Orot HaKodesh）中介绍了一个类似的观点：

"一个人意志力量的价值之大，以及他在现实中的重要性，都有待于借助卡巴拉智慧予以揭示。而这种揭示堪称所有科学之冠。"

因此，尽管以色列人口并不多，但他们却蕴含着实施整个世界的改正所必需的能量。其他民族的觉醒，完全取决于以色列人将利他的内在性置于利他的外在性之上，或者说在自己内部把"以色列"愿望置于"世界民族"愿望之上。

实际上，以色列人决定着他们自己同世界民族之间的关系。世界民族之所以能够起来抗击他们，是因为以色列人赋予他们力量。以色列人不断强调他们的利己部分的重要性，并且贬低他们的利他部分，这等于是让世界民族在外在方面也征服自己。

倘若以色列人至少能够再接近自然的利他力量一小步，他们的敌人都不会想同他们开战。倘若他们再迈出一步，敌人将成为他们的朋友。无论敌人怎样，他们都会得到这样一种直接反应。实际上，以色列人在操控他们！

倘若以色列人触及那个内在的点，他们的敌人会立刻发现自己的内心有了截然不同的愿望，仿佛以前根本没有对以色列人产生过敌意。敌人将会觉得在以色列人的帮助之下，他们能够达到永恒与完美。

由此可见，以色列人怎样去贬低利他的内在性，人类就将怎样去贬低他们。倘若以色列人颂扬实现自然的目标的重要性，人类将会把他们视为幸福之法的掌握者。这就是内在性与外在性的法则，而且它不可改变。

歌革与玛各的战争

内在性与外在性之间的斗争，被称为"歌革与玛各的战争"。它在以色列人中间展开，它的结果决定着全世界的命运。倘若以色列人获得了胜利，那全人类就会避免生活中这场被描写得如此可怕的全球大战。

歌革与玛各的战争实际上是一场内战，发生在属于以色列的人们中间。不同于人们时常想的那样，它并不是一场用飞机和导弹攻击对方的有形战争。飞机和导弹并不是真正的战争，它们只是蓄积已久的不平衡的一种物质体现。

歌革与玛各的战争是我们愿望的内在性与外在性之间的一场战争。这场战争在我们的内心和我们的头脑中进行。当战火燃烧起来时，它给了我们一个选择。我们究竟想属于哪一种愿望？我们是崇尚世界的内在性，还是崇尚它的外在性呢？我们的愿望、思想和心将被引向哪儿？这就是战争。而且本书旨在让每一个属于以色列的人都意识到，他或她的内在性决定发生在外部世界的一切。

为了赢得这场战争，我们需要一种手段来提升我们心中的内在性的重要性。正好为了达到这一目的，卡巴拉智慧被揭露在我们这一代。在精神及肉体的流亡过程中，以色列人同这种智慧失去了联系。当被选中的几个人用这种智慧改正了他们的利己主义，并感知到无所不容的自然时，其他人则对卡巴拉智慧置若罔闻，只是信守以色列传统中那些肤浅的象征。

我们应当意识到摩西给以色列人传教的那种改正自我主义的方法—"Tora"（《摩西五经》；这个单词来自希伯来语的 "oraa"，意思为"指导"）借助枝色言记载下来。它用物质世界的术语（枝）来表明精神元素(根)。

卡巴拉学者（那些透彻了解自然并同时生活在物质世界和精神世界的人们）知道如何去破译枝言。他们能够鉴别每一种物质的枝所指向的精神之根。因此，他们将《Tora》视为对改正自我主义在那三条线所进行的内在工作的指导。

然而，其他的人们只会将枝言看成是至于这个世界的叙述。他们只看到《Tora》表面部分，并没有想象到它自身还蕴含着智慧。因此，在整个流亡期间，人们只将《Tora》当成史书或法律文献之类的书籍来对待。

在《卡巴拉智慧的实质》及《10个Sefirot的教育》的第一部分中，耶胡达·阿斯拉格将这种现象称为"物质化"。他解释说,物质化是数千年来以色列脱离精神世界所造成的一种后果。

在我们这个时代到来之前,卡巴拉学者还一直对卡巴拉智慧守口如瓶。然而,当标志着流亡结束的移民以色列现象大规模出现时,卡巴拉学者从幕后走向台前,号召人们让自己重新认识自从圣殿毁灭之时起被人们遗忘的人生的目标。因此,卡巴拉学者鼓励人们使用卡巴拉智慧,达到重新认识这一目标。

卡巴拉是独特的,因为它不容许人把书中所讲的物质化。这是因为它所运用的语言并不是枝言,而是一种世界和 Sefirot(即精神的对象)编码语言。它详细描述了自我主义的所有成分,以及改正它的阶段。借助图表、图解和计算,卡巴拉指导一个人走好改正利己心的每一阶段,并指出在每一个阶段中需要做出什么步骤,甚至解释应该如何去做。它不给人们留下任何这类幻想:在不改正自我主义的前提下,一个人还是能够在人生中收获良好的结果。最后,卡巴拉指出,只有通过内在的行动才能够进行这种改正。

这就是为什么卡巴拉学者解释说,以色列人只有借助卡巴拉智慧,才能重新实现与自然的平衡。这也是为什么他们要致力于向大众传播卡巴拉智慧。他们意识到这是唯一一条让以色列人和整个世界早日获得拯救、摆脱困境的途径,因为"拯救……就是最高的完美感知与知识的阶段"。

AGRA(Gaon mi Vilna 是伟大的卡巴拉学者,生活于 18 世纪的立陶宛首都维尔纽斯)写道:"拯救主要取决于钻研卡巴拉。"(《Even Shlomo》第 11 章第 3 条)卡巴拉学者库克也同样解释说:"以前只有伟大的、突出的人解决了巨大的精神问题,现在也必须在各个层次上,在全民族范围内得以解决。"同样,耶胡达•阿斯拉格(在《对〈生命之树〉序言》中)明确提出:"只有通过在广大民众之间传播卡巴拉智慧,我们才能得到完全拯救。"因此,他补充说,我们有义务"撰写书籍,加快卡巴拉智慧在世界各国的传播"。

但卡巴拉学者也听到了反对之声。并非所有正统的领导者们都听从他们的召唤;有些领导者反对它,并极力阻挠卡巴拉的传播。这种反应是过去的两千多年间人们精神流亡造成的后果。在流亡的最后一个、精神上最低的阶段中,没有达到精神世界的人们反倒成了他们的民众的领袖。

耶胡达•阿斯拉格开始在民众中传播卡巴拉智慧时的遭遇,就是一个很典型的例子。他对自己的使命非常清楚:"从圣殿毁灭时起直到当今这个时代,一堵铁墙将我们与卡巴拉智慧隔离开,我发现我们迫切需要摧毁这堵铁墙。这种铁墙的存在是严重的负担,而且出现卡巴拉智慧彻底被以色列民族遗忘的危险。"(《对〈10 个 Sefirot 的教育〉的序言》第一条)

为了阻止即将降临的大屠杀,耶胡达•阿斯拉格 1933 年出版了一系列的专著。他在第一部专著中指出,他在随后的日子里将出版 50 本这类专著,而第一部专著中首篇文章的标题就是"行动时刻",它清楚地表达了作者的意图。两周之后,他的第二部专著——《相互担保》——出版了,随后他的第三部,也就是上一部分专著《和平》问世。

耶胡达•阿斯拉格向大众传播卡巴拉智慧的意图,并没有得到一些公众领袖的认同,为了阻止这些智慧的传播,他们甚至要求出版社停止出版这些著作。耶胡达•阿斯拉格并不是受到这种"待遇"的第一位卡巴拉学者。比如,卡巴拉学者拉 Ramchal 在为唤醒人们而努力下,遭受到了同样的对待。

在《Ramchal 之门》中的"争辩"一文中,他写道:"西蒙•巴•约海曾为之大声疾呼,他号召那些致力于研究犹太教经典的尚未觉醒的人们……由于我们多次出现过错,以色列人已经忘却了这条道路,他们长眠不醒,根本没有留意到它……这是流亡的成果。我们就在黑暗之中,就像这个世界的一具僵尸,就像完全擦着墙走的瞎子。"

向公众传播改正之法的这场战争,是现实中最为重要的战争。倘若打不赢这场战争,那么我们必将面临极其严重的后果,这是因为延误了改正之法的传播,会让每个人自身之内,会让以色列民族，会让整个世界的内在性无法战胜利外在性。这些力量的平衡决定着我们将继续（如果还继续）生活在什么样的世界。

因此，《光辉之书》中已经写道："苦难降临在那些人身上……他们让《Tora》变得枯燥，因为失去了思想和知识的滋润。他们将自己局限于《Tora》的实用部分，并不想去努力了解卡巴拉智慧……苦难降临在那些人身上，因为他们的所作所为给这个世界制造了贫穷、破坏、抢夺、掠夺、杀戮和毁灭。"

海姆·维塔尔（Chaim Vital）是 Ari 的弟子和抄写员，他在给 Ari 的《对〈生命之树〉的序言》中写道："那些人由于冒犯《Tora》而给自己招致苦难。毫无疑问，倘若只是草率地阅读《Tora》，而且只对其中的故事感兴趣，就会觉得它只不过是讲一些身穿丧服，背着一个布袋子的人们的事情。而所有的民族都会对以色列说：'为什么你的被爱的人要比别的更好呢？为什么你的教义要比我们的更好呢？你们的教义毕竟也满篇都是尘世间的琐碎之事。'对《Tora》而言没有比这个更大的侮辱。因此，那些人由于冒犯《Tora》而给自己招致苦难。他们并不钻研崇尚《Tora》的卡巴拉智慧，他们让流亡变得旷日持久，并使这个世界产生的一切邪恶得以蔓延。"

在大屠杀之后，耶胡达·阿斯拉格从 1945 年起一直到他与世长辞的那一天，都在忙于出版他的《对〈光辉之书〉的 Sulam 的注释》。在注释的序言中，他再一次强调了认识改正之法的紧迫性："现在我们必须改正那些可怕的错误……随后，我们每个人得到的回报就是内在性的加强……以色列的全体民众都能够获得这种力量……世界民族的内在性、世界民族的正义者都将战胜和征服自己的破坏性的外在性。世界的内在性——也就是以色列——在其功勋与美德上，都将超越世界的外在性——其他民族。随后，世界民族都将认可并感谢以色列作出的贡献。"

世界的未来掌握在我们手中

从这一部分讲述的内容可以看出，全球危机的解决尤其取决于以色列人，取决于以色列民族的每一位成员。并不是取决于那些领导者们，而是每一位普普通通的民众。

以色列人未能完成自身任务的每一刻都让他们付出了巨大的代价。以色列人的义务无法被回避或拒绝，也无法被忽视。

这比较类似《圣经》中所讲的先知约拿的故事。约拿被派遣来告诫尼尼微(古代亚述的首都)的居民说，他们正在面临着危险。约拿曾想方设法逃避赋予他的任务，但最终还是被迫去完成了它。

先知约拿的故事对我们每个人而言都堪称贴切的讽喻。这就是为什么卡巴拉学者教导人们在每年的赎罪日—反省的日子，都要阅读先知约拿的故事。它能够提醒以色列人意识到自身的义务。

即使以色列人想通过跑到海外国家来逃避他们的责任，这也不是出路。就像约拿船上的水手在暴风雨即将降临之时，他们感到这一切都是归罪于约拿，并且把他扔下了船，今天世界民族也觉得以色列人应该因世界的困境而被责怪，而且他们给以色列人施加的压力将快速增强。以色列民族今天所处的黑暗现实可能仅仅是一个苦难的开始。

以色列人已在祖国吹起了一个人为的泡沫，而且每天都在其中过着日常生活。以色列人中的一些人认为借助武力他们将战胜邻国，还有一些人相信，有朝一日将和邻居和平共处。不管怎样，总的氛围就是："一切将会好起来。"可他们并没有意识到潜在的危险，因此他们每天还是按部就班，不紧不慢地生活着。

目前，他们被容许生活在以色列，即使它们在履行自然的计划方面非常滞后。这种状态类似于第二座圣殿毁灭之前的那种状态。在毁灭发生的大约 70 年前，毁灭的迹象就已经呈现出来，当时人们已经堕落到物质世界的最底阶段——内心充满了仇恨。然而，圣殿仍旧支撑了相当长的一段时间，而且当时的人们还未开始流亡。

在那个时候，毁灭已经开始出现在力量层面上，但它在物质世界表现出来还得需要一定的时间。这样一来，它就"延迟"了几十年。今天也出现了这种延迟，只不过这是自然让我们趁这段时间完成自我主义的改正。一旦以色列人之中哪怕只有少数人"倾向于"履行他们的义务，自然力量的平衡也会改变。开始意识到改正自我主义的这种方法，必将迅即给整个世界带来变化。全世界都认为犹太人正在操控世界，而且他们有一些不愿意分享的秘密，这一点也不令人奇怪。这是事实，而且其他的人潜意识中有这样的感觉。

倘若我们的思想是自私自利的，那么我们就会对这个世界造成消极影响。然而，如果我们想有所改变的话，利他的思想将能让我们以闪电般的速度将这个世界变得更加美好。以色列人已被自然"选定"，因为他们感觉到在他们自身之内蕴含着思想和意志的力量，如果这些力量得到正确地运用，那么它们能在同一时间改变现实。以色列人必须认识到这一点，并"将世界判给天平的贡献那一盘"。

今天，卡巴拉学者建议每个人都掌握改正之法的原理，努力在自身实现改正，并且将这种知识传播给其他人。每逢我们阅读涉及改正之法的书籍，或者碰到互联网上提供的类似内容，或者观看讲述这一主题的录像，我们的内在性都能够得到强化。这将让我们更加强烈地感到我们的未来，我们的幸福及我们所爱之人的幸福，只取决于实现与利他的自然的平衡，而且这种强烈的感觉会让我们更加渴求达到平衡。借助这种做法，我们将立刻改变我们人生的航向。

总而言之，以色列人应当意识到他们是一群特殊的人。发生在他们身上的一切，都因为他们自己而发生。除了他们，没有别人可以埋怨的。没有人为他们决定任何事情，而且这个世界上也没有其他任何民族完全决定着所发生的一切事情。

一切都掌握在以色列的手中，都取决于他们，这个道理可能难以接受和理解。只有他们，这个七百万人口的民族，才能够决定自己的命运和全世界命运。

www.ingramcontent.com/pod-product-compliance
Lightning Source LLC
Chambersburg PA
CBHW071007080526
44587CB00015B/2376